ハナシ語りの民俗誌

川島秀一〈著〉

勉誠社

はじめに──「口承文芸」以前のハナシから

ながいあいだ民俗学の生命は聞書き調査だと信じて、人の話に耳を傾けてきた。なかには、昔話や伝説などの「口承文芸」にかぎらず、たとえば、漁師さんに毎日の漁業の様子を尋ねているうちに、「なんと話が上手なひとだろう」と思いながら、その話に引き込まれ、ノートに書き続けていたボールペンが静止してしまったことが何度かある。現前で語るひとの表情や目の奥を見つめながら、心は非常に豊かになり、この聞いた話が、ことさらに文字に認(したた)められなくても、ましてや論文にならなくとも、それだけで満足してしまうような体験である。一時代前には、よくそのような上手な語り手に出会ったものである。

私は今、福島県の新地町で漁師さんの手伝いをしながら暮らしているが、いつもユイコと称される、漁師どうしの助け合いの現場に立ち会うことがある。当初はこの行為を、それまでの民俗学の研究者が捉えてきたように「相互扶助」とか「労働交換」のようなものとして見ようとしてきた。しかし、単に労働の手助けだろうかと、ふと思ったのは、仕事が終わったのに、最後までその作業を見届けるように丸く囲んで、さまざまな、はなし語りをしているのだった。その話には、もちろん漁に関することが多いが、ひとの噂などの世間話なども加わり、もしかしたら、このような、はなし語りをしたくて集まってくるのではないだろうかと再認識させられた。

それは、列島各地の沿岸で見られる、漁協や市場に置いてある、使い古した椅子やソファーに集う漁師たちと同じである。ここには、主に現役をしりぞいた漁師さんたちが、少しずつ集まってきては座り、海を見ながら雑談をしている場所であった。夏には涼を求め、一人暮らしの漁師は仲間と会話をするために足を運んでいる。貴重な情報交換の場でもあろうが、様ざまな漁師がもっている政治時評や寸話も含めて、海を見ながら話を語り、あるいは聴くこと自体を楽しみに集まっている。

本書では、このような「口承文芸」以前のハナシを中心に、主に東日本大震災前の、二〇〇〇年代の拙文を編集した。東日本大震災により、被災地におけるそれまでの様ざまな伝承が、どのような変移をもたらしたかについては、今後の長い期間にわたる検証が必要であるが、大きな要因になるであろうと思われることが幾つかある。

一つは、「震災語りべ」と呼ばれるような人びとが多く創出され、震災時の記憶のみが「伝承」とされ、震災以前の暮らしや、そこで語られていたにちがいない口承の世界については、なおざりにされつつあることである。何が失われたかを知らないかぎり、その悲しみは伝わらないはずである。もう一つは、本書の第三部以下に展開することになる、オカミサンなどの宗教的職能者が震災前から激減しており、今回の災害では、被災者の心を支えることができなかったことである。震災による多くの横死者や行方不明者などが現出したにもかかわらず、彼らの「口寄せ」さえできずに、自らの不遇を自身で納得しなければならなかった遺族たちは、犠牲になった身内の死者に対して、今後、どのような対話をしながら、話のなかで伝えていくのだろうか。これまでの、三陸津波のあととは違う局面に出会うと思うからである。

さて、私はもとより「口承文芸」そのものの研究者ではなかった。その昔話や伝説が、どのような状況や現場で語られ、どのように伝えられているのかという文脈そのものに関心の重きがあったものと思われる。そのような視点からみると、震災前の二〇〇〇年代の文章にも、その傾向は如実に現れている。

本書第一部の「話が発生する現場から」は、まさしく、そのような視点で扱った文章が多い。話以前のタトエ（「ことわざ」）の由来譚であるタトエ話や、田植えの苗を植えながら語られた色話（「オイサミ話」）や、水引きのときなどの世間話、あるいは、小正月の夜に語られた漁村のホラ話など、「口承文芸」以前の、ハナシともならないハナシを扱っている。

第二部の「話を集めた人びと」では、そのような話を意識して文字化した人びとのことを扱った。菅江真澄の生きた江戸時代後期は、もちろん「民俗学」や「口承文芸」という言葉は存在しなかったし、「昔話」と「伝説」の区別も必要ないときであった。現代の「昔話」の研究者であった佐々木徳夫の場合は、もう少し意識的であったが、民話研究家の阿彦周宜（あひこしゅうぎ）が扱った「天楽丸」という芸人の語りの内容も、そうした分類に捉われない多様な話が多かった。

第三部では、東北地方の巫女が関わった儀礼の現場を見つめながら、巫女が語った言葉から、話が生まれていく状況を跡づけようと思った。巫女が減少していっている現在、オシラサマやタイシサマなどの霊験譚がどのような状態で伝わっているのかということも目配りをしてみた。

第四部では、明らかに在地の「伝説」を扱っているが、それが、どのように宗教的な職能者と関わり、広域的な伝承であるかを述べたものである。そこには、「伝説」の断片や、逆に断片から生成する「伝説」の伝承を捉えることで、話そのものの動態的な状況を捉えようとした。

以上のように、本書は、「口承文芸」と「民俗」とを切り離せない状態のまま捉えようとした文章を中心に編集したものである。現代はSNSのように情報を目で追う時代、あるいは一方向的に映像や音声のみが情報を与える時代であるが、人間同士が向き合い、目と耳と口を使って、情報だけではなく、ハナシをしていた頃に遡り、それを再現できたとしたならば、本書のねらいの大半は達成したことになろう。耳と口とが生きられていた時代とは、心も生きていた時代だからである。

目次

第一部　話が発生する現場から

第一章　タトエ話の伝承世界
——宮城県気仙沼地方の事例から

「タトエ話」という民俗語彙

本章では、主に宮城県の気仙沼地方に伝えられている「タトエ話」と呼ばれている話の事例報告を試みながら、このようなハナシが、どのような場で生まれ、どのような伝承のありかたをしているのかを探ってみることを主眼としている。

まず、「タトエ話」という民俗語彙について捉えておきたい。これまでの先行研究でも、たとえば、臼田甚五郎の「民話の生誕・伝承」(1)においては「たとへ」、米谷陽一の「ハナシからタトエへ・タトエからハナシへ」においては、(2)「タトエバナシ」という民俗語彙が採集されている。前者では、佐渡の片野尾という漁村、後者では、千葉県浦安の漁師マチが調査地であったことにも興味がひかれるが、本章でも三陸の漁村が主な舞台となる。ただし、本章では、限られた地域における採録資料に留まらず、東北地方で「字」を単位とする集落（ここではムラと表記する）を越えて変移し、伝承されていることに注意をしながら、この「タトエ話」を捉えなおしていきたいと思う。

まず、その気仙沼地方では、どのように「タトエ話」という語彙が使われているのかを、この地方の老人クラブで編集した文献資料の事例から挙げてみたい。「鰹船の飯焚き弥助の傑作」という表題の事実譚で、飯炊き（カシキ）の弥助がハナシの主人公である。

次に風を横に受けて間切って走ってると、船側で弥助が釜を洗ってるので、誰かが弥助釜を落すなよと大きな声で叫ぶと、弥助トックにトックにと、声をかけられたときは釜はすでに海の底へ、此の弥助の釜は、後世例えば人混みの中などでスリに注意するようにと言うと、すでにそれ以前に盗られてしまっている事などに使われる例話（タトエバナシ）になっている。(3)

この事例は「弥助の釜」と呼ばれるタトエであるが、モノを亡くしたり取られたりしないように注意をされたときに、すでにモノを亡くしたり取られたりしている状況を指すのに、このタトエが使われているようである。およそ、口頭で語られる場合にも、「タトエ話」という言葉はこの事例のような使われかたがされ、「タトエ話にね…」とか「タトエにね…」という出だしでこのようなハナシが話され、あるいはこの事例のように、ハナシの結びに「タトエ話」という言葉が使われることが多い。タトエ話がほぼタトエと同じような使われかたをされることも注意されるが、本章では、ハナシとして成立しているもの、しかも特異なことを行なった人物の出来事をモチーフとするようなハナシだけを、とりあえず「タトエ話」として扱うことにする。それは、神谷吉行が「幡多郡（はた）諺（ことわざばなし）噺考――世間話における諺の伝承基盤――」(4)で、高知県の幡多郡の調査において明らかにしたように、「実在人物の特異な言動が土地の笑話や世間噺の主人公に定着して、それらの咄から新らた（ママ）な諺を生ずる傾向」を捉えるためである。さらに、それらの作り上げられた「諺噺」（タトエ話）が、どのように伝承されるかを、ここでは問うていきたい。

さて、この「弥助の釜」と同様の話は、そのタトエ話の主人公の固有名詞を違えて、「センマの釜」というタトエで、岩手県の大船渡地方で、次のようなハナシとして伝えられている。やはり、カツオ船での、ある出来事として語られている。

あるどき、こんな話があったんです。センマという子どもだったらしいんだが、たいがい昔が、カシキという炊事当番の者が水夫の中でも一番若い者がやったもんだから、そのセンマが、カツオ船から小舟を出して、その脇から海で釜を洗ってだ。そうすっというど、そいづが洗ってるうちに手からはずして落としてしまった。本当に大事な物を落としてしまったから、「落とした」って言えねがったわけ。ふんで、どうしたらいいべなと思って、自分で悩んでおった。それを見てたフナカタ（船員）が「センマ、釜は？」と、こういうふうなハ

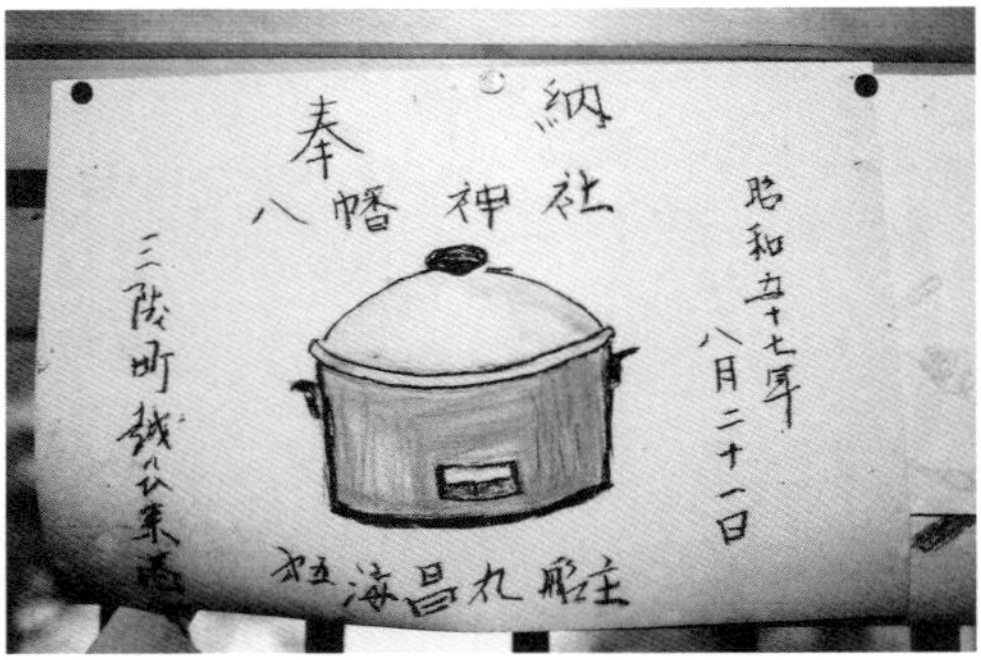

写真1　カシキはよく炊事道具などを海に落とした。金物を落とすと漁に恵まれないと言われ、落としたことにしないで神に奉納したことにするのが「失せ物絵馬」である（岩手県大船渡市三陸町越喜来、2002.4.22）

ナシ言ったってね。そしたら、「いっつに（早くに）落としてしまった」ということを言った。そして、釜を洗わねで、言うに言われねから、自分の手、洗ってだったたって。そして、海の底さ指さしたっていうハナシがあるんだがね。[5]

弥助が「トックに」と言い、センマが「いっつに」と言ってはいるが、この二つの話は同型の話である。もともと、船では、釜などの金物を海に落とすことはタブーとしていた（写真1）。おそらく、これらの「カシキが釜を落とした話」は、カシキが釜を落とさないように、一種の教訓としても語られたものと思われる。笑い話の主人公にされた弥助やセンマのような笑われ者にならないように、この話を聞いて気を付けたのが、カツオ船のカシキたちであった。

「弥惣馬放したような話」

先の二つの事例は、同型のハナシが、遠く離れたところで、主人公名を違(たが)えて伝わっていた「タトエ話」の例であるが、次の事例は、タトエとして有名な名前の人物が、少し離れた土地に実在の人物としても同時に存在していた例である。

現在、気仙沼市に含まれている新月(にいつき)村の『新月村誌』(6)には、「俚諺」の項目に、「弥惣馬放したような話」という俚諺（タトエ）が載っている。このタトエについて、再調査を試みたところ、新月村の台の吉田勝男さん（明治三六年生まれ）によると、「弥惣馬放したようだ」とか「弥惣さんのようだ」という意味は、弥惣が馬を放してしまっても追うこともしなかったことから生まれたそうで、「ホデナシ」とか「アホンとしている」人のことを指すという。弥惣はどこの家の人なのか、わからないとも伝えている。(7)

ところが、同じ新月村の細尾の尾形文吾さん（明治四二年生まれ）によると、そもそもこのタトエは、「弥惣馬放したようだ。米の飯食った」と言われていたもので、「弥惣馬放して、米の飯食ったようなハナシ語んなや」などという使われかたがされるという。しかも、弥惣は、細尾に住んでいた実在の人物であったそうである。

この弥惣は、馬屋から馬を逃がしてしまったが、村の皆でおさえてくれたために、村人に赤椀で米の飯をご馳走したという。わけのわからない人や小馬鹿くさい人が語る話を指して、「弥惣馬放して、米の飯食ったようなハナシ語んなや」と言うような使われ方をされるが、その話とは、とんちんかんな話を指したという。しかも、この弥惣は正直者であったために、厄神様が宿った人間でもあり、この厄神様が押していった手形をちぎってから煎じて病人に飲ませ、その方法によって病気を治すことのできるハヤリ神様として、近在に名が知れ渡った人でもあった(8)。

ところが、気仙沼の漁村の一つである小々汐(こごしお)には、もう一人の弥惣がいた。そのタトエの使われかたも、ほぼ同じである。

小々汐の尾形栄七さん（明治四一年生まれ）によると、弥惣がシロカキに馬を連れていったところ、どこで馬を放したかわからないうちに、逃がしてしまったという。そのために、わけのわからないことを語る人のことを「弥惣馬ッコ放したようだ」と語るという。この弥惣は、破天荒な人物で、木登りをして小便をしたり、意地をはって弁当の御飯に砂をかけて食べたりした人であった。弥惣の家では、よく馬を逃がすことがあり、この家の、ある代のおばあさんが心を患っていたときに、「弥惣馬ッコ来た」とか「弥惣馬ッコ放した」などと、うわ言を語ったこともあったという(9)。

「弥惣馬放したような話」というタトエは、今でこそ笑話のように話されるタトエであるが、細尾や小々汐の事例から考えると、以前には何かもっと深く、民間信仰の世界に組み込まれた言葉であったのかもしれない。また、このような、ある種異常な人物であったからこそ、タトエ話の主人公にも成り得たとも思われる。

ただし、同時に「馬を放したようなハナシ」という語呂合わせとしての魅力が一人歩きをし始めて、「不確かな話」という意味とともに、人の口に乗ったことも確かである。気仙沼地方で「これはハナシだから」と言ってから、その話が切り出される場合、それは信憑性のない、話し手に責任がないことが付帯している。つまり、後には実在の人物から離れ、「タトエ話」からも切り離されたタトエとして伝承されていくことになる。

たとえば、気仙沼市の大島では、弥惣が弥兵衛に変化している。「弥兵衛、馬放したようだ」と言えば、わけのわからないことを語ることや、モト（本）もウラ（末）もないような話のことをいう。しかし、弥兵衛とはどこの人か、わからないともいう。[10] また、同じ大島で「ヤ（野）さ、馬放したようなこと語んな」と言われるタトエとは、必要でもない、面白いことを語る人を指すときに使われるという。[11] もはや、弥惣という一人の実在した人物を思い出されることなく、固有名詞の「弥惣」が一般名詞の「野さ」に変換されて伝えられている。

この例のように、タトエの中の固有名詞が、一般名詞に変換した例はほかにもある。大島には明治六年生まれ（一八七三）の村上伊兵衛と呼ばれる著名なホラ語りがいた。その者のことを「伊兵衛ホラ」と呼び、大きなホラを語ることを「伊兵衛ホラのようだ」とも、タトエとして使われていた。(12)ところが、大島の対岸の、階上村（気仙沼市）では、「イヘイホラ」とは、自分が死んだふりをして、香典代をだましとる嘘のことを指すのだといい、「位牌ホラ」のことだと伝えている。この例なども、固有名詞が一般名詞の中に溶け込んでしまった例として注意される。

「ツの国の婆さん」

さて、気仙沼地方では、実在の人物以外にもタトエ話が成立することがある。たとえば、「ツの国の婆さんのようだ」というタトエを、よく耳にすることができる。

これは、「渡辺綱の鬼退治」の話の中に登場する、綱の「摂津の国の乳母」の名前のことであるが、「ツの国の婆さん」のようだと言えば、その元となる渡辺綱の話を知らなくても、それぞれのムラで、タトエとして、その主なる意味を違えて伝えられている。

たとえば、小々汐の尾形栄七さんの伝承では、次のように「渡辺綱の話」と、その話から生まれたタトエを伝えている。

キンジン草（キジン草・ユキノシタ）というのはっさ、昔、渡辺の綱っついう人が、大山の酒呑童子という鬼を退治したどき、ケエナ（腕）を一本、もいできたってね。その酒呑童子という鬼が、ツの国の婆様になってきて、「渡辺や〳〵、そのケエナ、俺に見せろ」と言っ

写真2　白い花が鬼の角にも牙にも見えるキンジンソウ（1992.7.4）

たんで、「なに、婆さん、オメ、鬼のケエナなんて見たら、たんまげでしまうから見せられね」って言った。そしたら婆様、「オメが小さいとき、俺、小便かけられたり、ボンコ（糞）ひっかけられたり、鼻汁を口ですすったりして、おがした（育てた）。その俺さ見せねで、誰さ見せる！」って言った。「ほんだらば見せっから」って、チロッと見せたら、「手さ取って見せろや」って言うから、手さやったら、その酒呑童子という鬼が、突然、破風から逃げていったんだってね。それで、渡辺家には破風ねんだとね。その酒呑童子という鬼が、山さ行って、ケエナを付けるものがねえから、その草のイトブキを貼って治した。ほんで、キンジン草という。また、よく昔のことを持ち出して語る人のことを「ツの国の婆さんのようだ」と言う[13]。

この話にはタトエが生まれるためのタトエ話としての「渡辺綱の話」としてばかりでなく、初夏に鬼の角や牙のような形に白い花を咲かせるユキノシタをキンジンソウ（傷草）と語るようになった理由や、その草のワタを用いて傷口に付けるようになった理由の由来譚としても語られている（写真2）。

ここでは、「ツの国の婆さん」とは、「よく昔のことを持ち出して語る人」のことを指し、それはこの婆様に化けた鬼が、自分の切られた腕を綱から奪い返すために、綱に昔のことを語って籠絡させたことに対応するタトエになっている。

また、気仙沼市の大島では、「ツの国の婆さんのようだ」とは、「話上手で人をだます者」のことを言い、あるいは遠方からシンルイのお婆さんが来たときに「ツの国の婆さんが来た」と言った。さらに、婚礼のお振舞が終わりかけたときに、その家の婆さんが出てきて、仲人などに酒を注ぐ口上に「ツの国のばばあ、参りましたから」と語る。この例などは、酒を飲んでしまって、いつまでも帰らない客に対して、両者共に気まずい思いをさせないで退散させるに効果的な言葉であったという。これらは、いずれも「渡辺綱の鬼退治」の話から生まれたタトエであろうが、ことさらに、この元になる話が伝承されているわけではなかった。

タトエ話の生成と機能

タトエ話は、話の結句に「それで〇〇のようなことを〇〇というのだ」と語られる話であり、その「〇〇」（某）とは実在の人物であることが多い。しかし、この「ツの国の婆さん」のように、架空の人物でもタトエになることがあるとするならば、そのタトエを説明する「渡辺綱の鬼退治」の話は、一種の「タトエ話」としても捉えることができるだろう。

もちろん、タトエ話の枠を広げて考えてみれば、たとえば、気仙沼地方で、三番目の娘は機転がきくという意味のタトエである「三番目は猿さかしい」は「猿聟入」の昔話から、思いがけないものを食べたときのタトエとしての「犬コのおかげでシシ汁食った」は「花咲爺」の昔話から生まれたものである。しかし、タトエ話は、あくまで固有名詞をもった者の話として捉えたほうが、その特性が明確になると思われる。

そして、世間話に登場するような実在の人物だけでなく、「ツの国の婆さん」のような伝説上の人物名も、生活に密着したかたちでタトエになることも、同時に捉えていかなければならないものと思われる。伝説上の架空人物名が、現実の生活に引き寄せられて語るということも、実在の人物が活躍する世間話がタトエを生むことと同様の経路をベースとしているからである。つまり、タトエ話を広く捉え直すとすれば、現実のある状況を、伝説や世間話の主人公が起こした出来事にたとえて語るという、その伝承世界において、初めて、たとえられた方（ほう）の話が「タトエ話」として機能するわけである。

伝説をある土地に根付かせる力の一つに、宗教的職能者による発話が今までは注目されてきた（本書第四部第二章・第三章参照）。しかし、宗教的職能者の発話を受け容れる側の問題、たとえば、伝説上の人物を身近に感じていたいというような側面に関しては、タトエ話を生んでいく伝承世界も考慮しなければならないであろう。先に紹介した「弥惣馬放したような話」も、初めには別の伝説上の「弥惣」があったものかもしれない。もとになる話が忘れ去られ、「弥惣馬放したような話」というタトエだけが残り、それが細尾と小々汐という二つの離れた集落で、身近な人物に特定されて、新たなタトエ話として生成していったことも十分、考えられるからである。

また、以上のような、タトエ話から生まれた、その土地特有のタトエは、単なる教訓や笑いの手段にするだけでなく、とある状況を瞬時に伝えるに有効な方法でもあった。たとえば、「ヤエンツァマのイモ売り」というタトエは、かつて、気仙沼湾内で、舟にイモを積み入れ、旗を立てておき、往来する漁船にイモを売っていたヤエンツァマという者に対する世間話（タトエ話）から生まれている。この人は同じ代金を払っても、後で買いに行くほどイモを少なく渡すために、分け前が、だんだん少なくなることを「ヤエンツァマのイモ売り」のようだと語られた。このタトエは、沖で網にかかる魚が曳くごとに少なくなってきたときなどにも、「おい、ヤエンツァマだぞ！」と語るだけで、笑いと同時に、その状況を的確に伝えることができたそうである。とくに他の漁船と競合しながら、一刻一刻に機転をきかせて、他の船より早く状況判断して、しかもそれを他にさとられずに実行しなければならない漁業の現場においては、これらのタトエが重宝がられたことも確かであろう。

「タトエ話」という民俗語彙に含まれている内実を、もう少し深めてみたいと思われる理由は、以上のように、現在の生活の中にも溶け込んでいる伝承世界であるということと、今後も、タトエが必要な生業が続く限り、新しいタトエとその背景になる「タトエ話」が生まれてくる可能性があると思われることである。一地域に限らず、広く事例を集めながら考えていきたいテーマの一つである。

注

（1）臼田甚五郎「民話の生誕・伝承」『国文学　解釈と鑑賞』五一七号（至文堂、一九七五）

（2）米谷陽一「ハナシからタトエへ・タトエからハナシへ」野村純一編『昔話伝説研究の展開』（三弥井書店、一九九五）

（3）尾形熊治郎「鰹船の飯焚き弥助の傑作」『松岩百話集』（松岩地区老人クラブ、一九七三）

（4）神谷吉行「幡多郡諺噺考――世間話における諺の伝承基盤――」臼田甚五郎編『口承文芸の総合研究』（三弥井書店、一九七四）

（5）一九九七年三月九日、岩手県大船渡市三陸町根白の寺沢三郎さん（大正二年生まれ）より採録

（6）『新月村誌』（新月村、一九五七）

（7）一九九一年一一月二日、吉田勝男さんより聞書

（8）一九九一年一一月三〇日、尾形文吾さんより聞書

（9）一九九一年一〇月三一日、尾形栄七さんより聞書
（10）一九九二年六月一九日、気仙沼市浦ノ浜の小松きくのさん（明治三八年生まれ）より聞書
（11）一九九二年六月五日、気仙沼市亀山の村上みよしさん（明治三五年生まれ）より聞書
（12）「伊兵衛ホラ」のことについては、川島秀一「漁村と伝承（12）ホラ話の伝承」『漁村』第五二巻第一一号（漁村文化協会、一九八六）にまとめた。
（13）一九八四年八月二〇日、尾形栄七さんより採録

第二章　ことわざの民俗

ことわざの採集

　およそ口承文芸の採集のうちで、「ことわざ」ほど困難な分野はないと思われる。「ことわざを話してください」と尋ねて、すぐに答えが返ってくるようなものではないし、ましてや民俗社会では「ことわざ」とは言わずに、タトエとかタトエゴトと称しているのが一般的であるからである。

　しかし、採集の困難さにもかかわらず、話者の口から、ふっとタトエゴトが漏れ出たときには、そのタトエがどのような状況に使用されるものであるかが、すぐにも了解されるという利点もある。つまり、大島建彦が「民俗としてのことわざ」の中で述べた、「ことわざ採集」における「発言の場」も配慮することができる。(1) どうしても、意味がわからないタトエゴトは、こちら側から、すかさず聞き返すことができるからである。

くどいくらいに聞き返すことを「根ッコを掘って聞く」と語る地方も多いが、話者の方から「おまえの前では、へたなことを語られない」と呆(あき)れられた経験のある採集者も多いことだろう。

このように採集の目的を話者に理解していただくと、今度は相手の方から進んで「ことわざ」を教えてくれる。民俗調査というものが、結局のところ、信頼のおける人間関係の積み重ねの中でしか質の高い資料を得られないことを、それは示している。

たとえば、ある日私は、宮城県の気仙沼市の小々汐で、聞き書きの調査中にボールペンをなくしてしまったことがある。周囲を探しても見つからず、ようやく、手前のノートの下から出てきた。そうすると、今まで話をうかがっていた尾形栄七さん（明治四一年生まれ）が、「それそれ、そのことを言うんだ。〈おぶった子、三年たねた（探した）〉って」と、タトエを一つ、教えてくれた。学校教育の中で「灯台もと暗し」という「ことわざ」しか知らず、さらにそれを自分ではあまり使用することのなかった者にとっては、実に当を得た新鮮な表現に親しみさえ感じたものである。

菅江真澄が記したことわざ

もう一つの事例として、同じ話者との体験のなかから挙げておきたい。この地方の漁師さんたちは、酒を酌み交わすときなどに、杯を倒したりすることを、あまり縁起の良いこととは思っていない。酒を飲むということは、非日常的な一種の宗教的行事であり、神の前での行為でもあったということが、さまざまな禁忌を生む源泉となったと思われるが、杯が倒れることが、船がひっくり返ることにつながるものとして嫌ったわけである。

酒を注ぎすぎて杯のバランスを崩し、倒れてしまったときに、漁師の栄七さんから「昼ひっ九、夜(よ)八分」という言葉を教えられた。昼は酒を九分注いでも、見えるからかまわないが、夜の暗がりでは、注ぐ方も飲む方もよく見えないために「八分」くらい注げば、酒をこぼすことも、杯を倒すこともないという、地口のようなことわざであった。

ところが、菅江真澄の「はしわのわかば(続)」で、次のような言葉に出会った。真澄は天明六年(一七八六)の七月初旬から約一カ月のあいだ、気仙沼に滞在した後、八月四日に世話になった人たちと馬上から別れることになった。そのときの記録である。

馬にものせよ、といひつつ、ひきいだせるに乗りぬ。あるじあるく。又あふときちぎらんとて、酒もていでませり。いざとてすゝむるに、むらいながら、馬の上にてといへば、女のわらば、あぐらにのりて酒つぐ。さゝやかのかはらげに、いたくもりたれば、みち〳〵て、馬のかしらの毛もぬれたり。あるじ、昼九、夜八、船七、馬六、といふことば、しらざる、かたほの女にてありけるよとわらふ。わらば、つらあかみてしきりたり。(2)

この文章に出てくる、真澄が寄寓していた気仙沼の「あるじ」が語ったという「昼九、夜八、船七、馬六」という言葉を、私は初め、理解できなかった。しかし、「昼九、夜八」をどこかで聞いたような気がしたとき、すぐにも「昼ひっ九、夜八分」を思い出したことで、すべては氷解したわけであった。これは、小さな「かはらげ」(杯)に酒を注ぐときの、状況に応じた酒量の割合のことで、昼に酒を注ぐときは杯の九分くらいであっても、夜はよく見えないので八分、さらに揺れの多い船上では七分、さらに馬上では六分を注ぐべきことを示したわけで、この言葉を知らなかった女の子が馬上で酒を注ぎ過ぎ、顔を赤らめるほどの恥をかいたということになる。ここには、教訓としての「ことわざ」が登場しているが、気仙沼の漁師たちは、さらに覚え易いリズムを得て「昼ひっ九、夜八分」として覚えてきたわけであった。

菅江真澄の日記や記録には、この事例のように、民俗社会の中で使われていた、生き生きとした「ことわざ」が、きら星のように詰め込まれている。

たとえば、「かすむこまがた」に見える、天明六年(一七八六)二月八日以降の記事には、次のように記している。

この九日、十日、十一日、十二日、十三日、十四日と日をふる雪に、たゞ埋火のもとさらずふみ見つゝをれば、人の訪ひ来て、二月の木の股さき、三月の蛙の目がくしとて零り、雪のはては涅槃なりといひ諺しさふらふ也なンど語りぬ。(3)

徳岡の村上家（岩手県奥州市・旧胆沢町）に寄寓をしていたこの日々、毎日雪が降る中、火のそばを離れず文を読み返していた真澄の元に、ある人が来て、「二月の木の股さき、三月の蛙の目がくしとて零り、雪のはては涅槃なり」という「諺し」を語っていく。

この「諺し」について、内田武志と宮本常一の「注」では、次のように記している。

二月は木の股もさけるほど大雪がふり、三月は暖かくなったり急に寒くなったりするものだ。蛙が土の中から暖かくなったと思って這いだしてみようとすると、また冷えて雪がふってくる。季節を現わす諺で、第一巻の出羽の〔小野のふるさと〕にも同様に出ている。(4)

「季節を現わす諺」にはまちがいないが、内田と宮本の訳では、いささか、その真意が伝わっていないように思われる。むしろ、これは気仙沼地方でも採録されたタトエによって明らかにされる。

まず、「二月の木の股さき」については、「親棄山」（大成五二三A）という昔話の始まりに、次のように登場している。気仙沼市小々汐の尾形栄七さんの伝承である。

昔、敬老国と棄老国があったった。敬老国とは年寄りの国、棄老国とは若い人だちの国、その棄老国の方でね、六十二（歳）になれば木の又さつっかけて死がせだと。

ところが、その六十二になるズンツァマ（爺様）が利口なズンツァマだったもんと見えて、行きたくねがったかなしてたが、「二月雪降れ木の又隠せ」という歌をかけた。そうしたれば、その晩げ雪降って降って、のっそり降って、人の行き来もなんねぐれ降ったと。木の又きり降ったどっさ。それで、行きかねて、そのズンツァマをどこさか隠してしまった。

（後略）(5)


実は、この昔話の中から「二月雪降れ木の又隠せ」というタトエも生まれている。つまり、二月は木の又を隠すくらいの大雪が降るという諺であり、「二月は木の股もさけるほど大雪がふり」という意味ではなく、木の又は、あくまで降雪量の目安であった。

同様に、気仙沼地方では、「三月の蛙の目がくし」というタトエがあり、春に「ねまった蛙のマナク（目）くらいの雪が降る」ことを指しており、これも「蛙が土の中から暖かくなったと思って這いだしてみようとすると、また冷えて雪がふってくる」という意味ではなくして、あくまで雪の高さとしての「蛙の目がくし」という目安を現していた。

つまり、真澄が語られた「二月の木の股さき」も「三月の蛙のめがくし」も、降雪量（雪の高さ）を示した諺であったわけである。気仙沼や胆沢など、東北地方の太平洋側や仙台平野では、旧暦の二月頃にどっと大雪が降ってから、その後は雪が少なくなることが多く、今でもそのことを「春（新暦三月ころ）のドカ雪」という言葉で印象深く語り伝えている。最後の、大雪の後は春が来ることを意味する「雪のはては涅槃なり」に対応するタトエは聞くことはないが、これらの事例などは、菅江真澄の記録類を読むには、東北の風土に根ざした世界から解釈すべきことを示していると思われる。「ことわざ」も、民俗社会から捉え直すことで初めて理解できるものが多いからである。

ところで、栄七翁は「親棄山」で、爺様は「二月雪降れ木の又隠せ」という歌をかけたと語っているが、この「歌」とは「ホウゴト」（呪い言）のことで、それゆえに、爺様の願いどおりに、のっそりと雪が降ることになった。栄七翁のこの昔話の語り口でも、「二月雪降れ木の又隠せ」の部分は、ひときわ韻律を含む部分で、これが自立してタトエになっていく必然性のようなものが感じられる。しかも、タトエ（ことわざ）には、「言葉の技」ともいうべき現実を変え得る呪術性も含んでいたことも察することができる。

昔話とことわざ

昔話の「親棄山」の例のように、「ことわざ」の中には、昔話の中から生まれてきたものも多い。たとえば、三番目の娘は機転がきくという意味の「三番目は猿さかしい」というタトエは、

「猿聟入」（大成一〇三番）という昔話から生まれたものであり、全国的にも数多く語られてきた昔話である。思いがけないものを食べたことを「犬コのおかげでシシ汁食った」と語られるが、このタトエは「花咲爺」（大成一九〇番）の昔話が背景にある。

また、再びもとのさまに返ることを「元の木阿弥」ということわざがあるが、それと同様の意味で、民俗社会では「もとの平六」というタトエがある。この「ことわざ」も、『日本昔話大成』では「四二九番」に分類される昔話から生まれたものである。

しかし、「もとの平六」ということわざを知らなくても、平六のフンドシの乾き具合で天気予報をするというモチーフは、半分、冗談を交えて語られるほどに、各地において浸透している。たとえば、宮城県の気仙沼地方で実際に言われていたことなのだが、運動会の前日に生徒が翌日の天気を心配しているときなどに、親から「校長先生のフンドシを見て来い」と言われたそうである。つまり、運動会を主催する校長先生のフンドシがパサパサに乾いていれば明日は晴れ、逆に湿っていれば雨だという意味である。また、同地方の遠洋漁船の上でも、実際にフンドシの湿りで翌日の天気がわかったという話も聞いたことがある。

このような言い伝えが先にあったのか、「元の平六」という昔話が先なのかはわからないが、「元の木阿弥」という同じ意味での「もとの平六」というタトエの方は、その昔話から生まれたものであるにちがいない。この昔話は、岩手県から沖縄県まで広範囲に採集できる話であるが、ことわざにまで定着するには、深く実生活の中で消化されるまでの長い時間にわたる、同じ昔話の繰り返しがあったものと思われる。

また、気仙沼地方で、「アブの頬あて」というタトエは、数ある中から何かを選択する場合に、当てずっぽうで選んで偶然に当たったとき、その行為を指して語られる。このタトエが使用される背景には、「蜂の援助」（大成一二七番）という昔話が伝えられていた。

また、同地方では、用事を頼んでも、なかなか、はかどらずに何日も遅れる人のことを指して「染屋」という。あるいは、そのような人に対して、「オメェ、〈染屋のあさって〉すんなや」と語ったりする。この「染屋のあさって」というタトエは、次のような昔話を知っていないと、理解できないことになる。

「染屋のあさって」っつのは七十五日なんだって。ということはね、染屋が相馬（福島県相馬市）の人だっつぉね。相馬の人で、その染屋さ染物を頼んだっつね。ところが、その染物を、「〈狐のなき声にトタラズの紋〉に染めてけろ」と、こう言ったっつ。そうして、「あさって持ってきてけろ」と頼んだっつ。「はいはい」と染屋が受け取ったっつね。

ところが、どこ聞いてもわかんねっつ。どこ聞いても何ボなずに（どのように）聞いても、その「狐のなき声にトタラズの紋」つのが、あじだされねっつ（思いつかれなかった）。

そうして、歩って歩って歩いたどころが、相馬の殿様さ行ったっつ。その相馬の殿様さ行ったところが、「あはーっ、なるほど、なるほど」と言われた。そうしたところが、それが、「その狐が何となくや?」と、こう言った。「コンコンとなく」と言った。「その〈紺〉だ」と言ったってね。「〈十足らず〉っつのは何だ?」と言った。「十に足んねの九つだ」、そんで、「狐のなき声にトタラズの紋」つのは、「紺の地色に九曜の星」だっつ。それが、相馬の殿様の紋を染めてけろと言われたわけだ。相馬の殿様だと言わねで、平民の言葉で、「〈狐のなき声にトタラズの紋〉を染めてけろ」と言ったわけだ。ところが、何ぼ尋ねても尋ねても聞いても尋ねつけかねて、相馬の殿様さ行って聞いて、「狐のなき声にトタラズの紋」が「紺の地色に九曜の星」だと語られて、染めて持ってきたの、七十五日だっつ。そんで、「染屋のあさっては七十五日」なんだっつ。(6)

世間話とことわざ

さて、「もとの平六」のように全国的なことわざでなくとも、小さな区域で、ある一人の人物の出来事が、そのままタトエとして、使われ始めることがある。そして、そのタトエを生んだ出来事が、一つの世間話として話されていた場合も多いのである。それは、昔話の中から「ことわざ」が生まれることと同様の過程をぐぐって成立するものであったらしい（第一部第一章参照）。

たとえば、気仙沼市内の大島には、〈大向（おおむかい）〉という、藩政時代に廻船業などで、たいそう栄えた家があった。大向家の下には井戸があって、毎朝七人の者が一斗入れの桶を担いで上がってきたとか、その家の破風（はふ）は普通の家くらいの大きさであったという大話も言い伝えられている。

そのなかでも、「大向の婆様」というタトエは有名で、この婆様は人を使うことの上手な人だったふうで、今でもそのような人を「大向の婆様のようだ」と言われている。たとえば、次のような世間話も伝えられている。

「大向の婆様つの、人を使うのが上手だっつが、俺なんて使われね」って、ダンポ様（警官）が大向に行ったんだっつ。そしたところが、そのダンポ様、黙って来たんだつけ。そのダンポ様が婆様と話語んべと思ったらば、その大向のニワトリ、麦干していた麦ムシロ、かっけえした（ひっくりかえした）。「ダンポさん、その麦の鳥コ、ぼって（追って）下はれせ！」って、とうとう使われた。誰でも来た人、使ったんだっつ。それを〈大向の婆様〉と、こういう。(7)

このようなタトエは数多く伝えられている。たとえば、分け前がだんだん少なくなることを「ヤエンツァマのイモ売り」というが、それは昔、ヤエンツァマという人が舟でイモを売りにきて、イモが売れて少なくなると、同じ代金でも始めより少なめにイモを渡したというエピソードをもとにしている。網にかかる魚が曳くごとに少なくなってきたときに、「おい、ヤエンツァマだぞ！」というだけで、笑いと同時にその状況を的確に伝えることになる。何かにたとえることによって笑いを引き出すということも、ことわざの民俗を探る上で、大事な機能であったように思われる。

神谷吉行は「幡多郡諺噺考」の中で、高知県幡多郡の世間話における「ことわざ」の伝承基盤を論じている。その論文の中で「実在人物の特異な言動が土地の笑話や世間咄の主人公に定着して、それらの咄から新たな諺を生じる傾向」を見出している。(8) 限られた一地方で使われている「ことわざ」であっても、その発生の源を探ることは、「ことわざ」がどのように世間話の場の中から生まれてくるのかを知る上で、大切な課題になり得ると思われる。

「諺噺」の特色は、話の結びに「それで～のようなことを何某の～というのだ」という定型句がある点であり、そのためにこそ世間話から「ことわざ」への移行は容易であったと考えられる。「諺噺」は、民俗語彙では「タトエ話」と呼ばれている。気仙沼市尾崎（旧松岩村）の尾形熊治郎翁（明治二八年生まれ）は、『松岩百話集』（一九七三）に「鰹船の飯焚き弥助の傑作」という小文を載せていて、カツオ船の弥助というカシキが海で釜を洗っているときに、人から注意を受ける前に、すでに釜を海の底に落としてしまった話から、「弥助の釜」というタトエを紹介している。

そして、「此の弥助の釜は、後世例えば人混みの中などでスリに注意をするようにと言うと、すでにそれ以前に盗られてしまっている事などに使われる例話（タトエバナシ）になっている」と、この一文を結んでいる(9)。

気仙沼の旧町内では、「熊んつぁん」と言えば、「余計なお世話をやく人」などを指すが、このタトエも、もともとは何か面白い世間話があったと思われるが、今ではその主人公の名前だけが自立化して流通し、元の話は風化してしまったようである。

米谷陽一も千葉県浦安の漁師マチで「タトエバナシ」という民俗語彙を採集していることから(10)、タトエバナシは今後、もう少し広範囲から採録が可能な分野と思われる。

さて、ある日、地方選挙のような非日常的な時間が流れているときに、ことわざに近い言葉が効力を発した現場を確認したことがあった。一九八五年の気仙沼市市議会選挙のときに、地元出身の立候補者が、小々汐の尾形栄七さんの家を訪れて、一票をお願いに来た。「ズンツァン、頼みっつぉ」と、その候補者が頼むと、お爺さんは笑って、「はいはい、遠くの火でほとんね（温まらない）から」（遠くの地区から出た立候補者では身近なことを問題にしてくれないという意味）と答えて、地元候補者を納得させて返してやった。また、栄七さんは、ある選挙事務所に陣中見舞いとして魚を届けながら、「タラ、しょってきた（背負ってきた）から」と語った。魚はタラではなかったが、タラはタワラとも聞こえ、俵（ひょう）（票）にも通じるということで、選挙では目でたい言葉であった。「票を背負ってきた」とならば、なおさらである。

この選挙期間中の二つの事例からは、タトエ言葉の持つ力と同時に、言葉あそびのような機転の面白さを感じることができるが、要は、なぜ現在、このようなタトエを語る人が少なくなってきたかである。このことは、ことわざの民俗について探る上で、一番の課題であると思われる。

注

（1）大島建彦「民俗としてのことわざ」『咄の伝承』（岩崎美術社、一九七〇）一九〇頁
（2）菅江真澄「はしわのわかば（続）」内田武志・宮本常一編『菅江真澄全集』第一二巻（未来社、一九八一）五一頁
（3）菅江真澄「かすむこまがた」内田武志・宮本常一編『菅江真澄全集』第一巻（未来社、一九七一）三五四〜三五五頁
（4）内田武志・宮本常一訳『菅江真澄遊覧記2』（平凡社、一九六六）四四頁
（5）一九八五年四月九日採録
（6）一九八五年一一月一一日、宮城県気仙沼市小々汐の尾形栄七翁（明治四一年生まれ）より採録
（7）一九九一年三月九日、注6の話者より採録
（8）神谷吉行「幡多郡諺噺考――世間話における諺の伝承基盤――」臼田甚五郎編『口承文芸の総合研究』（三弥井書店、一九七三）二〇二頁
（9）尾形熊治郎「鰹船の飯焚き弥助の傑作」『松岩百話集』（松岩地区老人クラブ、一九七三）一六二頁
（10）米谷陽一「ハナシからタトエへ・タトエからハナシへ」野村純一編『昔話伝説研究の展開』（三弥井書店、一九九五）一八三頁

第三章　農作業と口承文芸

――オイサミ話と水引き話

オイサミ話

昭和六二年（一九八七）の八月、国學院大學の「民俗文学研究会」というサークルが、岩手県東磐井郡室根村（現一関市）で昔話などの採訪調査を行なったが、それに私も同行したときのことである。その日は、依田千百子氏（当時郡山女子大学勤務）と国学院大学の学生だった小栗宙子さんの女性二人を車に乗せて、室根村を東奔西走していた。

ある一軒の農家を訪問して、一通りの昔話の聞き取り調査を試みたのだが、なかなかこちらが望むような話が出てこなかった。問いかけにつまった私は、思いあまって、若い女性をそばにおきながら、「ヨバイの話はありませんか？」と尋ねてしまった。すると、その家に茶飲みに来ていた、小山睦（むつみ）さん（大正四年生まれ）という女性が、「ある、ある！」と元気良く応対して、続けざまに数話、艶笑譚を披露して下さった。訪問した家のおばあさんも含めた四人の聞き手は、その迫力のある語りかたに接して笑い転げた。それらの色話のことを「オイサミ話」と言うことは、後に話者から教えられたのだが、私にとっては口承文芸を考える上で、思いもよらぬ貴重な出会いとなったのである。

次は、そのときに聞いたオイサミ話の典型である。

① トッツァマ（亭主）ね、鍋買いさ行ったたっつ。そのうちに、ガガ（女房）、色男と寝だふうだ。そのオヤジ（亭主）もまた、鍋買い、早かったたっつんだ。「ただいま！」と来た。「ガアサマ、鍋買ってきた」となったんだ。そのガアサマ、なかなか頭のいいガアサマなんだね。なに、色男、そっつにいんのだもん、なずに（どのようにも）出しようもねえもんね。「だれぇ、その鍋の金気（新しい鍋に出る赤いしぶのこと）抜かなくてわかんねんだ」と、こうなった。「なぞにしたらいかんべな？　ガガや」と、こうなった。「だーれ、そんでわかんね。その鍋かぶってね、三回、家回るうちに金気抜けっから」、そのオヤジもね、馬鹿ゴテ（亭主）だこと、鍋かぶってね、木持って、「あー、カンカラカンカラ、カンカラや、この拍子で出んざらば、出んざらば！」って、頭たたいてね、そのガアサマは、三回まわってるうちに、一つ二ついいことやってからに色男（外へ）出してやったたっつ。「トッツァマ、とっくに金気

出たんだかなんだか？」と言うと、「そんだべかなぁ？」と、いいことされたの知らねでいたったど。

② そのオガダコ（女房）ね、ほれ、ムコ殿、一生懸命稼ぐからね、「上下(うえした)から食(か)せるんだぞ」と言ったど。そしたらば、その日、オガダコね、アズキのボタ餅、こせだっつもんね。ムコ殿、「上下から食せるんだ」と言われたから、上の口から食ったからって、皿さつっこけてからね、オガダコのケッツさあてがったっつもん。オガダコは、そしたらば、ブーッと屁したど。ムコ殿、「あっつくねえから、吹かねで食え！」と言ったど。

③ タネキミ（とうもろこし）っついうのね、なしてあいうふうに、できたもんだかというとね、昔ね、トッツァマとガアサマと、フルウヅ（豆をたたき落とす道具）で打って、豆ぶちしてだっつど。そのトッツァマ、日に三度、やっしゃねえ（がまんできない）ふうでね、「ナニ、ガキども遊びに行ったから」って、豆の上で仕事、うったったっつ。そしたら、ワラス、どっちの方でか遊んでたの、「とおちゃん！」と言ったど。やれ、それ、ほれ、止めだれば、品物（男性器）さ豆、とろっと、くっついだっつんだ。（ワラスが）「あーっ、キミ、けろ！」と言ったど。そしたら、「こいづ、タネキミだ」って言って、ぼろぼろとこぼして、そして座ったど。

④ お寺の坊さんね、大勢、小僧とあるすっちゃ。立派な小僧もあるべしね。いつだか、

オッサマ（坊さん）いなかったっつもの、お寺のオバサマ、お寺の若い坊さまに、「これこれ、あのな、いいことおせっから。和尚というもの、知らねくてわかんねから、おせっから」となった。「なぞにだべね？」、とこうなった。そのオバサマもねぇ、スケベタカリ（好色家）なんだよ。「ほんで、俺の上さ上がれ」となったもんだ。そうして、『抜け！』って言うつとき抜くべし、『挿せ！』と言うとき挿すべし」と、若い坊さまに、こうおせだと。最初に「はい、抜かんせ、坊さん。はい、挿さんせ、坊さん」となった。なに、われも、だんだん良くなってね、「はい抜かんせ坊さん挿さんせ坊さん」と、やっしゃなくなって、「抜けボズ挿せボズ、抜けボズ挿せボズ」って、そんで、初めてオバサマから教えられたど。(1)

①の「あー、カンカラカンカラ、カンカラや、この拍子で出んざらば、出んざらば！」というところは、なかば節を付けて語っている。②は全国的にも「下の口を養え」という名で知れわたっている型のある笑い話である。③や④も、説明すればむしろ無粋となるほどの、大らかな艶笑譚である。

これらの話のことを「オイサミ話」と言うには、わけがあった。実は、主に田植えのときなどに、オソートメ（早乙女）たちが疲れてくると、誰かが「オイサミ、語れや！」と言ったときに、田植えをしながら出る話が「オイサミ話」なのである。つまり、疲れを忘れさせ、勇んで働かせるために語る話が「お勇み話」なのだという。

オソートメの中には、嫁に来たばかりの者もおり、恥ずかしいから黙って聞いているだけなのだが、聞きながら稼ぐために、能率よく働くことができたという。オイサミ話を得意とするオソートメは、同時にまた、早く苗を植えることができる熟練者でもあった。そのために、その者の話を聞こう、できたら覚えようとする者は自然と後ろに付いて来るわけだから、田植えもはかどるわけである。

　このオイサミ話が幾分、儀礼化していると思われるのは、この話を語る時刻が田植えの日の午後三時から五時ころにかけて語られたということである。午後には、ちょうど腰が痛くなってくるころだからという説明も聞いたが、午前に田植唄を歌い、午後にはオイサミ話をするという、暗黙の約束ごとがあったのである。

　しかも、トーナエブチという、苗を田に投げ下ろす役割をする男たちなども、オソートメたちに向かって「ハナシ語んねで、オイサミ語れ！」と言って励ましたという。ここでのハナシとは、真面目な話のことを指し、真面目な話は仕事がはかどらなかった。デンゲバナシやデホーデェ（出し放題）バナシ、オドケバナシとも言われるオイサミ話を語ったり聞いたりすることで、腹を立てる者はいるはずもなく、共同の仕事を一致協力して完了させることができたのである。

　さて、稲田浩二は「なおらいの昔話」の中で、備後（びんご）の吉備津（きびつ）神社（広島県芦品郡新市町宮内・現福山市）の節分祭に行なわれる「ほら吹き大会」について述べている。それは「ほら吹き競い」と

写真1　備後一宮の「ほら吹き大会」（広島県福山市新市町、2015.2.3）

も呼ばれる、うそ話の競演であるが、夜ふけに及べばとりわけ色話が尊ばれたという[2]（写真1）。つまり、神事の一種でもある「ほら吹き大会」においても、酒宴中心の直会の時間に近づくほど色話が出たのである。

室根村の田植えにおいても、朝のうちはオダノカミサマ（御田の神様）を苗で作って祀り（写真2）、午後のタバコ（休憩）には、その神様に上げたオニギリをいただき（写真3）、そのときに初めて濁酒が出る。オイサミ話は、多少酒が入ったタバコの後に出るもので、これも神事の構造に則した「なおらいの昔話」の一種であった。

また、色話は田の神が喜ぶといわれ、苗取りや田植えのときなどに豊作をもたらすものとして積極的に話されたということも全国的な伝承であったものらしい。

たとえば、宮本常一の「女の世間」には、西日本の早乙女の一人が、「田植えちうもんはシンキなもんで、なかなかハガ行きはせんので、田の神様を喜ばして、田植を手伝うてもろうたもんじゃちうに」と言ったことを載せている。そして、田の神様を喜ばすために、女たちの色話は田植えのときに多く聞かれ、田植え唄の中にも性を歌ったものが多く、作物の生産と人間の生殖を連想する風が昔からあったことを述べている。(3)

室根村においても、トーナエブチが投げた苗が当たった早乙女は子を孕むと言われ、トーナエブチは面白がって故意に早乙女をねらって投げたりしたという。そうすると、早乙女たちも負けてはいず、「子を成したらオメのところさ、やっつぉ！」とやり返したという。

宮本常一は「女の世間」を次のように結んでいる。「無論、性の話がここまで来るには長い歴史があった。そしてこうした話を通して男への批判力を獲得したのである。エロ話の上手な女の

写真2　宮城県気仙沼市の渡戸では、田植えの日の朝にオダノカミを作って大黒柱の前に供える。オダノカミとは12把の苗の上にフキの葉を乗せ、その上にオニギリと、ワカメで巻いた萱の箸を置く。このことを「オダノカミ祀り」ともいう（1985.5.24）

写真3　宮城県気仙沼市赤岩牧沢で田植えの日に食べる、オダノカミと呼ばれるオニギリ。オニギリにはアズキを入れ、フキの葉で包む。熱いオニギリで焼けたフキの葉が香ばしい（1984.5.19）

多くが愛夫家であるのもおもしろい。女たちのエロばなしの明るい世界は女たちが幸福である事を意味している」[(4)]。

口承文芸の世界で色話の採録が少なかった理由として『日本昔話事典』には次のように記している。

伝承者は一般的に、はじめての採集者に色話を話すようなことは少ない。何回か訪ねるなかで、話し手も気を許して、やっと話してくれる場合が多い。とくに、女性の話し手はほとんど語らないし、採集者が話してほしいと頼んでも「そんな話は」と断る場合が多い。そういうところが、これまでの報告書に色話が少ない理由であろう[(5)]。

以上のような困難な採集状況の中で、私たちが突然と色話に出会う好機に恵まれた理由は何だったのであろうか。今にして思えば、オイサミ話を語った話者は、女たち数人がその場にいたからこそ、田植えのときのように色話を語ることができたのでないだろうかと思われる。二人の女性採集者が新しく村に来た嫁にたとえるとすれば、当の私はオイサミ話を引き出すトーナエブチの役割をしていたことになる。

オイサミ話との千載一遇の出会いにより、昔話などの研究において、いかに伝承の「場」という捉えかたが大切であるかを知るとともに、採集の現場の雰囲気までもその結果に影響するということを、身をもって経験することができたのである。

水引き話

農作業と口承文芸との関わりは、田植えのときだけではなかった。たとえば、今ここに、宮城県気仙沼市赤岩石兜(いしかぶと)の家大工、吉田斎一郎さん（明治四三年生まれ）から、次のように伝承された一つの世間話がある。

あるところに医者あったわけっさ。それから、医者の、じき（すぐ）脇のお寺に坊主あったわげっさ。そいづと、二人してね、歌づくりしたり、今度、何かすっと、ケンカしたりみたりなんかして、仲悪いんだと。

そしたらば、あるとき、歌づくりに行っててね、「ふんで、新年だから歌づくりすんべ」と言ったれば、坊主、「ふんで、よし、俺、先にやっから。〈旗・天蓋(てんがい)を押し立てて…〉」と言ったれば、医者は「…今年も病(やまい)はやる年かな」とやったたっつんだ。はやれば、医者、うんと銭、入っからね。仲のいい人たち、そんなこと、していたったたっつね。

あるとき、寺の坊主が医者のとこさ来たっつんだ。「やっ！　医者殿」、「何だい？」、「おらいで急病人が出たから、いっとき来てみてけろ」、こうなったたっつんだ。「なに、今、朝っぱらから。今、飯食ったら行んからいい」、「なに、そんでねえから、早く来てけろ。死にそうだぜ」、「誰だ？」、「来てみでけろ、まず。誰だも彼だもねんだ」。

ふんで、飯前だっつのに、じき、追っついてから、引かれていった。そしたればね、お寺の分に竹薮あんだ。「やっ、実はこれだ」となったっつ。「何だ?」、「やっ、この竹見ろ、まず。今、枯れそうになっつまったから。そんで、オメ、なんとか、これ見てけねか?」、「馬鹿なこと語んな。俺、人の痛え痒(かえ)えもあらば、治すっつこともあんべ、竹の枯れそうなの、俺にはわかんね」と、こうなったっつんだ。「何で、俺さこんなもの?」、「なに、やぁな、他の人だち、皆、オメのこと、『ヤブ医者だ、ヤブ医者だ』というから、ふんで、俺、こいづ、オメ、治すかと思った」、「この野郎!」ていうわけで、帰ってきてしまったど。

「こん畜生!敵(かたき)とりでぇ、敵とりでぇ」と思って、今度、医者いだっつおんね。医者にねぇ、田だの畑だの、いっぺぇあったのっさ。そんでね、子ども、一〇人くらいあんだ。そいづね、「今度、俺も年とったから、これらさ、俺、山など置いてもいいから、田ば、これらさ皆分けでける」と、こう思ったんだね。そいづを、「よし、ほんだらいい。こいづ、俺、考えでわかんねから、寺の坊主を頼んできて…」と思って、「ちょっと、こっちの和尚殿、俺さ知恵を貸さないか?」、「何だ?」、「俺もまず、子ども大勢持ったし、田ッコもまず、俺、うんと用意(し)だから、こいづ、まず俺、一〇人の子どもさ分けてけべと思う。こいづを、なぞなふうに分けてけだらいかんべ? 皆に同じに分けたらいいもんだか、大っきなのさ余計だとか、どういうふうに分けたらいかんべ?」、「やっ、俺、何も人のこと、ほんなこと、俺のこってもあらばだべ、そいづ、オメ、いいようにやったらいいべ。何で俺さ相談しねばなんね?」」、「やあやあ、世の中の人たちなぁ、オメェのこと、タワケ坊主と語ってっから、俺、田、分けんの方にオメ、くわしいと思ったのさ」、「この野郎!」と語ったっつ。(6)

吉田斎一郎さんから聞いたこの話には、実は登場人物の医者と和尚に固有名詞が付され、実在の人物の出来事として世間話風に話されている。差しさわりもあることを考えて、故意に固有名詞を抜いて記してみたが、他にも省略してみた理由がある。それは、この世間話は固有名詞を外しても、話の骨格を備えた「昔話」として、十分に耐え得るものであることを認識しなおしたいと思ったからである。『日本昔話大成』の分類(7)には、この型の昔話は見当たらないが、話の完結性から考えると、むしろ、このような型の昔話が先に作られてあり、その型に実在の人物が当てはめられて話されたことも考えられる。

しかし、ここでは逆に、世間話風なものが何度となく話されていくうちに、次第に定型化の道筋をたどり、昔話になっていく可能性に注意をしてみたい。実はこの、仮に「医者と坊主」と名付けた一つの世間話の伝承経路をたどっていくうちに、「世間話」が次々に話されていたという、ある伝承現場に導かれたからである。

吉田斎一郎さんは、この話を当時大工仲間の先輩であった、気仙沼市松崎高谷(たかや)の畠山丈作さん(明治三四年生まれ)から仕事の一服時に聞かせられたという。次に、畠山さんの伝承経路をたど

写真4　気仙沼市の岩月堰と赤田付近
(1990.5.13)

ると、田の水引きのときに先輩から聞かされたといい、氏はこのときに聞いた話を全部、「水引き話」と呼んでいるのである。

畠山丈作さんの実家は赤田の方にあったが、五〜六月の「仕付けどき」(農作業を始める繁忙期)には、岩月堰から水を引く仕事があった(写真4・図1)。「夜水引き」ともいい、一軒から老人でも一四〜一五歳の少年であっても、一人が水引きに出れば、水を得る権利を得た。むしろ、毎日の激しい労働から解放されている老人と子どもが水引きに集まる機会が多かった。仕事といっても、一時間交替で猫淵付近にある堰の上げ場に監視に行く程度で、堰の縁にムシロを敷き、刺子ズブを枕にして、コモをかぶって寝る時間の方が多かったからである。そのような退屈なときに出る話が「水引き話」であり、主に面白い世間話で賑わった。中には、コモを頭からかぶって寝たふりをしながら、耳を澄まして「水引き話」を聞いていた少年たちもいたわけであり、そのうちの一人が畠山さんであった。

水引きは昼にも行なわれることがあった。溜池から田に水を流している退屈な時間に、老人の一人が講談本などを、声を上げて読み、他の老人たちや子どもたちが耳を傾けたという。堤の土

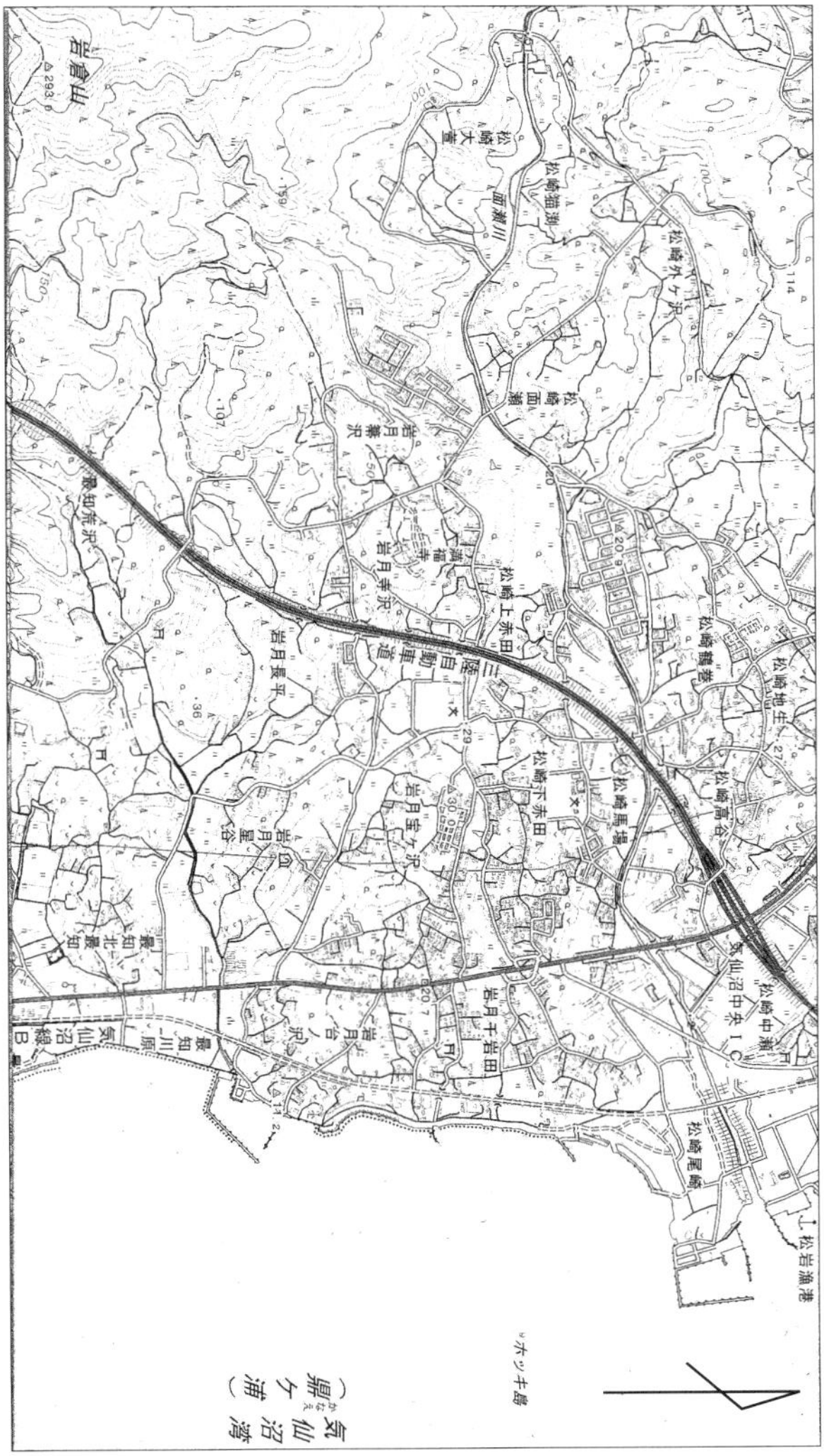

図1　「氷引き話」が数多く話された岩月地区。現在も西から東へ向かって「岩月堰」が流れている。（国土地理院発行　2万5000分の1地形図「気仙沼」より抜粋編集）

手に腹這いになって声を上げ、聞くほうも同様の姿で聞き入った。本を音読する行為や、音読する人のことを「本読み」と呼び、あるいはセンテンスの末尾にヘエとかホウとかいう節を付けるので、子どもたちなどは「ヘイホウズンツァマ（爺様）」とも呼んだ。(8) しかし、「夜水引き」の闇の中で語られる世間話の声は、昼間の光の中で文字をなぞることによって生じる声とは相違して、より直接的なイマジネーションを喚起させる力があったものと思われる。

畠山さんは、氏が在住する気仙沼市松岩地区の老人クラブが編集した『松岩百話集』の中にも、「郷土奇談」として、水引き話の一つを紹介している。氏の話では、原稿を提出するときに「綺談」として記した文字が「奇談」となって印刷されてきたことを悔やんでおられた。「奇談」とは「世にもめずらしく興味ある話」のことであり、一方の「綺談」は「面白く仕組まれた話」のことを指し、「水引き話」は綺談でなければならなかった。

そこに取り上げている話は、畠山さんが佐藤豊之助さんから聞かせられたものだが、その当時に「松蔵衆早くおりるもんだぁぜ」と言っただけで通じるような、有名な世間話の一つであった。その話とは、人殺しの濡衣を着せられた松蔵という男が真犯人の前で折檻を受け、その犯人が「松蔵衆早くおりるもんだぁぜ（早く白状するもんだぜ）」と言ったことでボロを出すという話である。(9) 畠山さんは、この一台詞を屋根葺きの手伝いに行ったときに初めて聞いたという。タバコ（一服）になっても屋根から降りてこない者に対して「松蔵衆早くおりるもんだぁぜ」と、あるお年寄りが叫ぶと、周囲の者がどっと笑ったのに、自分だけは笑えなかった。初めてこの話を「水引き話」の一つとして聞いたのは、屋根葺きをした家の佐藤豊之助さんからであった。世間話といっても、すでに、人の口に何度も出されて「村の出来事を伝える話」として成立しつつあった話の一つであったことが理解される。

畠山さんが水引きに出た「岩月堰」には、長平や寺沢に住む者も多く集まったが、「水引き話」をするのは、それらの土地の屋根葺き職人が主であった。屋根葺き職人は世間を広く渡り歩き、他の土地で耳にした面白い話を、水引きのときなどに披露したのである。

次に、畠山さんが、その屋根葺き職人でもあった斎藤襄之進さんから聞いた「水引き話」のいくつかを紹介してみる。

①　ある馬鹿聟、嫁ゴもらった。嫁ゴもらって嫁ゴから家で聞かせられたって。「何でもお湯をもらってお湯を飲むときあっついとき、フーフーと高く音を立てて飲むもんでねえ。オココ（沢庵）でかんまして（かきまわして）飲むどいうど、冷めでいいもんだ」って、こう言った。

ふだら、馬鹿聟、嫁ゴ家さ行って、ワラジを脱いで、「はぁ、オススギ」って、足を洗うお湯が出たから、かんましてみたら、あっついから、「やっ！オココけらい！オココけらい！」、「何す？」、オココもらって、中さ入れてかんまして、足洗ったっつんだね。

そしてからに、「人の家さ行ったら、何でも甞めねくてわかんねもんだ」っていうこと聞かせられて、ウスモチ柱（大黒柱）を見たどころが、たいした太いウスモチ柱なんだってねぇ、「はぁ、大きな柱だが、そこさオマブリ（神札）貼らってたね」、「いやいや、こいづはね、ここ本当のこと大きな木ッ節穴だから、これ隠すべって、オマブリ貼ってだ」、「ははぁ、なるほど、穴あったらオマブリ貼ることになってるんだな」と、こう感心しておったってね。

それから、朝になってからに、馬ッコ出して、馬ッコで送っからて、尻の方さ、まがってみたれば、ダンマ（女ゴの馬ッコ）なんだね。「はぁ、なんだね、こいづ、なんだね。尻の穴の他に、いま一つ、これ穴ある。いや、ここさ、オマブリ貼った方がいいね」。それで、「なるほどこいづ、なにだな、やっぱり馬鹿だな」と言われ、馬脚を現したって。

②　和尚はいつも御法事に行ぐどいうど、餅をもらってきて、小僧ども寝かしてしまってからに、そしてがらに、一人して焼いて食ってるっつんだってね。焼いで食ってっから、小僧ど、相談しやがってがらに、「和尚、いつも俺らには食わせやんねがら、何とかして、あいづ、ひとつ食うべ」。一番その中でもオヤカタ株で、一級利口な子ども、「やっ、おっさん！」って入っていった。オッサマ、ガキャド（子どもたち）来たので、餅焼いたのさ箱かけた。「やっ、おっさん、なにでがすや、今日、みんなでクイブチ（杭を田に挿しあって相手の杭を倒す遊び）したんだ。相手もなかなか利口で、上手で、俺、最後に、こうやって（火箸

持ってからに）打ち打ちして、このへんか、このあたりって、ヤッ！としたおんね」。そしたところが、これが、されごと（知られること）になって、持ち上げたらば、餅刺さってきた。「バッ！これ餅ある！」、「うん、ぬっさぁど（おまえたち）さ食(か)せべと思って、焼いてたんだ」。オッサマ、しかたないから食(か)せだっつんだ。

③　イヅナを使う奴と只の人とケンカしたら、「野郎！キツネを憑(つ)けてくれっから」って、イヅナ使い、言ったんでがすぺ。「いいよ、使えば使ってみろ！」っていうようなこと語ってだっつんだ。「野郎、あの畜生、キツネ使うから、野郎が来たら…」と思っていたっつんだね。ちょっと枕して寝だふりして、障子少しばかり開げでだっつんだね。そして、足の方を障子に立てかけてでね。イヅナ使いのキツネコ、白いネズミだっつんだ。はたして、そのネズミコ、チョッチョッ、チョッチョッ、現れてね、障子の開けたとこさ立って中の方の様子を見っとき、バチッと足で閉めてからに、つぶしてしまったってね。「野郎！また来た！」と思って、次に来たのもつぶして、一晩げに、何しろ一〇匹ばかり殺したっつんだね。そしたら、次の日、イヅナ使いに泣かれたっつんだ。「オメにさっぱり、飯食(めしく)い種、皆、殺されてしまった」って。[10]

①は典型的な「馬鹿聟話」で、『日本昔話大成』の分類では「三四九B沢庵風呂」と「三三九馬の尻に札」が合体した笑い話である。②も典型的な「和尚と小僧」譚で、大成の分類では「五

三三焼餅和尚」に該当する。全国的にも伝承されている昔話が「水引き話」としても語られていたことがわかる。

③の話は、ある土地のイヅナ使いの話として語られてはいるが、同型の話は気仙沼市内では百目木（どうめき）や宝ヶ沢でも採録することができた。(11)『日本昔話大成』には分類されていないが、今後の調査による話の量と分布の広がりしだいでは、新たに「昔話」として認定される可能性がある話である。

常に直線的に風化の跡をたどる柳田国男は「昔話すたれて世間話あり」という捉え方をしていたが、(12)その後、大島建彦によって、昔話の「語り」と世間話の「はなし」の両者を並行させて考える視点を導き出している。(13)むしろ、世間話こそ昔話を培ってきた土壌であり、これからも「現代の昔話」として生成する可能性を持っているかもしれないのである。一昔前の世間話の典型であった「水引き話」の伝承形態を探る意義もそこにあった。

しかし、世間話から昔話へと成長しつつある話が、過渡期のままで凍結してしまった場合も想定することもできる。その理由は、おそらく「水引き」のような、年寄りから少年までが対等に共同の仕事をする場が急速に失われたためであろうと思われる。

「昔話」のイメージを、炉端で年寄りが子どもに語っている姿だけを想定するのは、一つの感傷にしかすぎない。年寄りと子どもが共に働きながら、ときに話される大人の世間話を子どもが聞いて、それを心の中で育ててきたという事実を把握しないかぎり、口承文芸の世界は一面からだけ照らされることにしかならないであろう。

先に取り上げた、田植えのときの「オイサミ話」とともに、農耕儀礼や農作業の中でこそ語られた口承文芸の世界を、再度確認していく作業が必要であると思われる。

注

(1) 一九八七年八月二日、依田千百子・小栗宙子・川島採録
(2) 稲田浩二「なおらいの昔話」『昔話の時代』(筑摩書房、一九八五) 五六頁
(3) 宮本常一「女の世間」『忘れられた日本人』(岩波書店、一九八四［初版一九六〇］) 一二七頁
(4) 注3と同じ。一二九頁
(5) 稲田浩二・大島建彦・川端豊彦・福田晃・三原幸久編『日本昔話事典』(弘文堂、一九七七) 八二頁［立石憲利執筆］
(6) 一九八七年一〇月六日、吉田斎一郎さん (明治四三年生まれ) より採録
(7) 関敬吾・野村純一・大島廣志編『日本昔話大成』第11巻資料編 (角川書店、一九八〇)
(8) 川島秀一「「本読み」の民俗――宮城県気仙沼地方の事例から――」『「本読み」の民俗誌――交叉する文字と語り』(勉誠出版、二〇二〇) 二一〜二二頁
(9) 松岩地区老人クラブ連合会編『松岩百話集』(松岩地区老人クラブ、一九七三) 一八八〜一九三頁
(10) ①と②は一九八五年八月二五日、③は一九八七年一一月二三日に、畠山丈作さんより採録

（11）同型のイヅナの話は、一九八七年六月二〇日に気仙沼市百目木の西城作太郎さん（大正一一年生まれ）、同年一二月二六日には、同市岩月宝ヶ沢の藤田軍次郎さん（明治三二年生まれ）から採録できた。

（12）柳田国男「世間話の研究」『定本柳田國男集』第七巻（筑摩書房、一九六八）三八三〜三九七頁

（13）大島建彦『咄の伝承』（民俗民芸双書48、岩崎美術社、一九七〇）一七〇〜一七九頁・二二六〜二三四頁

第四章　漁師の語りに出会う

――沖や海底の出来事を語ること

はじめに

私がこれまで漁村の民俗調査を続けられてきたことの理由の一つに、漁師さんたちの語りの魅力に引き寄せられたことが一番であったと思われる。とくに漁師さんたちは、私たちオカ（陸）の者に対して、大漁などの沖の出来事や、あるいは自然の驚異や不可思議な体験を語るときは、一段とその語りの力が増すように思われる。漁師の語りについて、対象化することは非常に難しいが、その語りを聞き続けてきた者として、感じてきたことの一端を述べてみたいと思っている。

漁師さんが喜んで語る話の一つが、自分の、あるいは自分の身近な者が体験した、大漁の話である。

たとえば、宮城県気仙沼市の小々汐では、夏のボラのことを「ボラ」、冬のボラのことを「ツクラ」と使い分けがされているが、そのツクラ（ボラ）の巾着網における大漁話に、次のような表現の語りを聞いたことがある。

そうしたとき、ツクラが嘴（くちばし）白くなって、揃えて浮きできたとき、テッチョ（上）から降る雪を下から見だようだったっつ。そのアバ（浮き）がね、どっかり下さ、とんづいで（届いて）アバさ、ヨダ（海草）くっつかってきたったっつ。その魚が浮きてきたれば、そのアバが浮きできたったっつ。(1)

これらの表現のように、海の底から魚が上がってくる様子を、天から降る雪にたとえたり、アバ（浮き）が魚の重さで海草に届くくらいの底に沈んでいたという語られかたは、大漁を示す、ある一定の典型的な表現であった。

気仙沼湾内でイワシの記念碑的な大漁があったときにも、海の底からイワシが浮き上がる様子は、「まるで天から降る雪を仰ぎ見るようだった」と漁師たちが語り伝えている。

以上のような、定型的な表現が磨かれ、ムラの中で認められる機会が、気仙沼地方の漁村の年中行事にあった。

小正月の大漁話

宮城県の気仙沼地方の漁村では、小正月（正月一五日）の晩にモノマネと呼ばれる行事があった。(2) それは、網元や船主の家の、神様を祀っているオガミと呼ばれる部屋に、親類や乗組員が集って、大漁のときの真似事をする行事である。この日に、大漁のときの再現をすることで、実際の、一年中の大漁を招こうとしたのである。

たとえば、実際に大漁だったときには、船上で「大漁唄い込み」と呼ばれる唄を歌いながら入港してくることが、一昔前までは行なわれていたが、小正月の晩は、同じ唄を座敷で歌い、その唄が終わると、船の着岸の様子まで言葉で語り合った（写真1）。スルメ（イカ）釣り漁の場合は、「ああ、やんべだったね（ちょうど良かったね）。スルメ満船だった。沖では凍み大根いっぺえ流したようで見果て見えねかった。百バンジョウ（カゴ）二百バンジョウ釣ってきた」などと、できるだけ大げさに語る。

写真1　正月2日には、船主宅で「大漁唄い込み」を歌い合う。座布団を船に見立てて艪をこぐ物まねも飛び出す（1993.1.2　宮城県気仙沼市小々汐）

気仙沼湾の奥、東岸に位置する「四ヶ浜」と呼ばれる地区には、大浦・小々汐・二ノ浜（梶ヶ浦）・三ノ浜（鶴ヶ浦）という四つの漁村があり、江戸時代の中期ころから昭和時代の初期まで、気仙沼湾内のイワシを二艘による船曳き網で捕る漁で賑わい、過去に多くの大漁をしている。たとえば、小々汐の〈大家〉と呼ばれる家では、約五〇年前に、「位牌畑（漁場名）大漁」と今でも語られる大漁をして、そのときの大漁のカンバン（記念）に屋根を葺き替えたことがあった。(3) そのために、小正月の晩には、その大漁の様子を故意に再現して、「やぁやぁ、やんべだったなあ、オレ、おかげさまで屋根も葺いたし、あんなイワシ見たことごわせん」などと語ったりすると、それを契機に「位牌畑大漁」の話が始まる。

「位牌畑大漁」では、イワシの群れが重なってきて、棹竹を挿しても転ばなかったという。また、始めに紹介したように、海の底からイワシが浮き上がる様子は、まるで天から降る雪を仰ぎ見るようだったと漁師たちは語り伝えた。これらの話は、主に小正月に語られたがために、多少、大話に近く、大漁についての定型的な表現になっているが、簡潔で要領を得ている。

「位牌畑大漁」より五〇年ほど前の「唐島（島名）大漁」という大漁は大晦日のときだったが、梶ヶ浦の小松家では、イワシを曳くことに大わらわで、イワシを煮上げるのに三日三晩かかり、とうとう門松を立てることができなかったという。そのために、小松家の一族は、最近まで門松を山から伐ってきても飾ることはせず、このことを「小松家の投げ松」と呼んでいた。このような大漁の話も、背景に正月があるために、なおさら、小正月の大漁話としては、ふさわしいものだったように思われる。

また、「逃がした魚は大きい」と言われるように、大漁をしそこなった失敗談も、逆説的な大ボラ話として、この日に語られることがあった。たとえば、一本の小豆（あずき）の殻が網に引っかかっていたために、網が絡んで深いところへ降りず、イワシの群れを捕りはぐった話などをする。それは今でも語りぐさになっていて、網の手入れのときなどに、「小豆殻一本で千カゴ捕っぱぐったっつから、ゴンド（ゴミ）捕れ！」とか言って、半分いましめの諺のように用いられている(4)。

正月一五日の晩は、以上のような、過去の大漁の話をすることで、その年の大漁を招き寄せようとする良い機会であった。同時に、このような大漁のことをネンダイギとも呼び、一生に一度、遭うかどうかわからないほどの大漁の出来事として、子孫やムラの若い者たちに、そのときの教訓やムラの歴史として伝えようとしたことも確かである。この、過去の大漁の出来事を語ることで、未来の大漁を招き寄せようとする志向は、漁師たちの語りを磨く機会を与えることにもなったのである。

このような「大漁話」は、小正月の晩だけとは限らなかった。漁期が始まる前に徹夜で精進をするオヒマチの晩や、一〇月のエビス講の夜などのハレの日にも語られた。小々汐のエビス講では、過去に大漁をした話だけをしたといい、自慢話が多かったという。

たとえば、岩手県陸前高田市広田町では「十一月、十二月頃になって西北風の日和が多くなると『小漁御日待』と称して行屋に寄って漁業に関する話をした」[5]という。広田町中沢浜の一二月八日の「八日行」は、「第一に信仰、第二に慰労を兼ね、第三に長老や先輩から、村の歴史、漁の技術、部落の秩序等の教えを聞き、教養知識を高めるという三つの目的を持つ」[6]という。さらに、同県大船渡市でも、「旧十月二十日に赤飯を炊いて酒宴を張るが、この日は『エビス講』だといって大きな嘘を言い合って楽しむ」[7]という。

大船渡市赤崎町長崎の志田文吾さん（明治四一年生まれ）によると、庚申講の晩にも、次のようなホラ話などが語られたものらしい。

昔は、庚申講の宿前あったもんでごんすてば。そのとき、年寄りどだからホラ話するが、オラ方のシンルイに八十、九十になる爺さんがあったったね。昔のこったから、カツケって言ってね、ネウ（アイナメ）釣りに行ったもんでね、「オレ、ネウ釣りに行って、一モッコ釣った」と語ったったどっさ。そしたれば、別してな爺様、後から語った。「オメが何、一モッコ釣ったって？　オレ、一モッコはずした」。先に語った人、負けだと語ったが、ふだから、話はあまり先に語るもんでねぇ。[8]

「オマエの大漁をした魚は、実はオレのものだ」と語ることで、ホラ話に勝ったという話なのであるが、「話は先に語るもんでねぇ」というような教訓も生まれている。

「村の歴史」や「漁の技術」も、以上のような大話を通して伝えられていたことが大事なことと思われる。

ヒトにたとえられる魚の話

宮城県の気仙沼地方で、マル（カタクチイワシ）と呼ばれるイワシは、細かなイワシであるが、網の目に関係なく、網に刺さっているという。それは、このイワシが口を開けて泳いでいるために、網をくわえてしまうためだと言われている。気仙沼市小々汐の尾形長吉さん（明治一二年生まれ）は、かつて、船の上で、夏イワシが網目に刺さっている様子を見ると、「このイワシは、口が大きい魚で、昔、この魚が『俺が、いま少し大きかったらクジラも食うのに』と言ったそうだ」などと語ったという。印象の深い表現によって、夏イワシの性格を適切に言い当てており、このようにして、漁に関する知識も伝えられたものと思われる。

このような、魚がものを語る話は、次のような例にもある。

ジンベエザメとカジキマグロとしてのやりとりね、ジンベエがカジキさ向かって言うにはね、「オマエが俺の体を千突き突いてもいい。そのかわり、俺さたった一かじり、かじらせろ」と。ところが、カジキはいくら突いてもジンベエは柔っこいもんだから、コンニャクみ

てにグニャラと刺さんねわけだ。そしたら、ジンベエが刃になった歯でガバッとカジキの肉、取ってしまった。(9)

カジキマグロがジンベエザメにはかなわないという、一種の寓話のような話であるが、カツオがその天敵であるカジキマグロから逃れるために、ジンベエザメに寄り添うという事実に基づいての話である。つまり、三陸沖のカツオ一本釣り漁で大漁をする場合の、ほとんどが「ジンベエ釣り」であり、その根拠を語っている。

また、ジンベエザメから身を守られているカツオが、ジンベエザメに恩返しをしたような、次のような話もある。

さて、そのとき、たくさん漁しねぇ海で、カツオがワラワラ〳〵、イワシを追って、そしてジンベエがいたった。しきりにそのジンベエが南沖の方さあるいていた。ところが、そのジンベエがちょっと休んだんだね。休んだ瞬間に、でっかり立ったんでごんす。立って、口大きなものだからね、バッカリその口開いたんだね。そいづの高さが五尺ぐれえあるんだ。沈んでもいかねぇし浮かんでもこねぇに、動かねんだ。見たごともねぇから、「ジンベエ腹病みだ。これ、たいへんだ！」。

ところが、はるか向こうを見たところが、カツオが円形を描いて、ワラワラ〳〵、イワシを追ってる。俺見てる前で、だんだん巻きが迫ってきたんだね。ジンベエが口開いてる周囲をグルグル〳〵回ってきたんでごんすよ。ところが、イワシなさけねえから（行くところがないから）、カツオいねほうに行くが、カツオいねどもジンベエいるわけだ。ジンベエの尻、イワシ、かっ潜って回って歩くの。そして、ジンベエの口の近くまでカツオが来て回るんだね。そいづ、なさけねえからイワシ、ジンベエの口さ跳ね込まるんでごわすよ。不思議な話なんだね。そして、数で言えば五〇〇匹なっか六〇〇匹なっか、まっ赤になったイワシが只でその口さ入り込む。だいたいジンベエの陰にあって、たくさんなれば、パクッとそいづ飲んでやる。また、口開くんだ。そうすっというど、また遠くからカツオ来る。また周囲をグルグルと三回まわったね。三回まわって三回くれえ食ったんでごわすペ。イワシ、ジンベエが御馳走になりしたべ、起き上がって、またゆるゆると歩った。カツオがジンベエさ恩返しなもんだか分かんねが、人間にもでねこと、それ語るんだ。[10]

ジンベエザメが立って捕食している様子を「腹病み」と表現していたり、カツオが追うイワシをジンベイザメがいただいていることをカツオの「恩返し」と表現していることも興味あるが、漁師たちは一般に、魚に対して、人間にたとえて理解していることも確かである。

それを「アニミズム」などという言葉で説明しようとすると身も蓋もないが、一般的に思われがちな幼稚な考えではなく、人間にたとえることで、より深く魚の行動を捉え、それを伝えていく役割を果たしているように思われる。

次に紹介するのは、伊豆七島の一つ、新島の大掛網（おおがけ）という、タカベやイサキの追い込み漁で、実際に潜って魚を観察している「潜り船頭」の語りであるが、この例からは、人間にたとえることで、初めて魚を理解できる様子がわかる。

①　追い込みは凪が続けば、同じ場所でそう何回もやらないけど、六・七・八・九、四カ月やるだからね。どうしたって、魚だってわかってくる。群れの中に逃げた魚だっているんだから。一回に網を投げて捕っちまえば、あとの魚は知らないけれど、やっぱりね、学習するんですよね、オレはそう思う、魚は。だから、鵜渡根（うどね）（地名）で回すイサキはね、学習能力が高くて、網をやると、海底の穴の中に、皆入っちゃう。入るね、これはほんとうに。一〇のうち七割は入るね。岩の上を泳いでいる魚が、網をやると、魚も覚えちゃうんじゃないか。(11)

②　僕はまだ、あのときのね、現象は、三回しかああいう状態見たことなかったです。タカベがね、タテに泳いでたですよ。普通、魚は、シオが来ると、シオに向かって泳いでますけど、あんときは、タカベがタテになって踊りを踊っているんです。なんで、ああいうふうになるのか。まだ若い連中は見たことないと思いますけど、僕は、二三のときから船頭やって、ああ、これで三回ぐらい見たな、とそのとき思いましたけど。

ほうでね、小型の一年目の小イサキだけど、一二、三センチから、そのくらいのイサキ、そのイサキも面白い現象があるんですよ。ほうでね、エラをね、カーッと張って、人間に向かってくる。アクアラングでアラミ（魚の偵察）に入ってて、何度もありますけど、それが白っぽくなるんですよ。まっ白いイサキの固まりが、ブアーッと目がけてくるんですよ。何か野次馬っていうのかなんか、わかんないですけど。ああ、人間だなって、わかってるのかどうかわかんないですけど、そのクワッーと来たのが、ある程度、距離をおいて、何か察すると、もう来なくなりますけどね。そういう群れっていうのは、えらい大群れで、それで、すぐ格好で合図して網をやらせるんですけど、そういうの何回もぶつかりましたよ。

ほうでね、シオマツケィ（陸に直角に当たる潮）が回って、タカベがね、シオノボリをして回ってるときの現象も何回か見ましたけど、そんときはね、海底をね、這うようにして、群れをなして、どんどん〳〵、どっから、こんなに魚が沸いてくるのかってくらいに、魚が回って来るときの、あの群れっていうのは、いっぱいいて、すごいですよ。それで、水中じゃなくて、海底を這うようにして、魚の群れが、シオが回ってくるときってのは、そういう現象で回ってきますね。だから、そういう現象を若いアラミのやってる連中に、教えたいですよ。(12)

①の「学習」や、②の「踊りを踊っている」や「野次馬」などは擬人法的な表現であるが、そのような表現を通して、「そういう現象を若いアラミ（魚の偵察）のやってる連中に、教えたい」

と語っていることが、漁業の知識として伝えていくべきこととして捉えていることがわかる。漁師たちにとって、魚の身になって考えることが実際の漁に役立つという面があり、擬人法は、その表現方法の一つとして考えられる。それは、狩猟における猟師と山中の生物との関わりと同様であるように思われる。

本章では、漁師の語りの性格を捉える上で、大話と擬人法的表現を取り上げたが、いずれも、実際の漁の教えや技術を語り伝えるという実践的な面があったことを忘れてはならないだろう。また、魚という生物とヒトとの関わりあいから生まれる話は、世界的にみても「フィッシュ・ストーリー」というホラ話[13]として語られる必然性があることも、捉えていく必要もあるだろう。

注

（1）一九八八年五月二〇日、気仙沼市小々汐の尾形栄七さん（明治四一年生まれ）より聞書

（2）気仙沼地方の民俗語彙としてのモノマネは、「モノマネ」と、「マ」にアクセントが置かれ、いわゆる「物真似」というアクセントのない一般的な物真似と使い分けがなされ、小正月の行事に限定して使用されている。

（3）気仙沼市小々汐で、通称「位牌畑」と呼んでいる漁場名は、その海上からオカを見れば、位牌の形によく似た畑が際立って見えることから命名されたという。

（4）現在、私は福島県新地町の漁船、観音丸に乗子として乗船しており、固定式刺網漁の主にシ

タモノ（ゴミ）のはずしかたの手伝いをしているが、この小さなシタモノをはずすことを見逃したときには、オカで網を直すときに、うまく網が開かないことがある。いたずらな大ボラ話でないことを、今にして分かった次第である。

（5）小林馨『広田風土記　泊・中沢浜』（丸星プリント、一九八〇）

（6）金野静一『陸前・気仙の民俗Ⅰ』（一九八九）

（7）大船渡市史編纂委員会編『大船渡市史　第四巻』（大船渡市、一九八〇）。なお、三陸沿岸を離れた長崎県西海市の伊ノ浦でも、「エビスサマのまつり」に「酒のサカナに茶わんを持ち寄り車座になって酒宴」を行い、これを「カタリアイ」と言っていたというから（『大村湾の民俗』、長崎県教育委員会、一九八〇）、ここでも実際に話を語っていたかもしれない。

（8）一九八七年九月五日採録

（9）一九九七年三月九日、岩手県大船渡市三陸町根白の寺沢三郎さん（大正二年生まれ）より採録

（10）一九八七年一二月一三日、岩手県大船渡市三陸町根白の小坪新太郎さん（明治三七年生まれ）より採録

（11）二〇〇五年一一月二〇日、東京都新島村若郷の石野佳市さん（昭和二二年生まれ）より採録

（12）二〇〇五年一一月二一日、注11に同じ。

（13）ヘンリー・D・ソロー『コッド岬』（平凡社、二〇二三）

第二部　話を集めた人びと

第一章　菅江真澄の耳の位置

菅江真澄の目と耳

文化人類学者の川田順造は『マグレブ紀行』（一九七一）の中で、菅江真澄について、次のように述べている。

人類学者の目を考える上に、私にとって、こまやかな菅江真澄の遊覧記は、マルコ・ポーロやイブン・バトゥータの大旅行記に劣らず大切なものに思われる。真澄について柳田国男が書いた文章に、旅先で泊めてもらった農家で、家の人たちは正月の仕度に忙しく立ち働いているのに、真澄ひとりぽつんと炉辺に膝をかかえて、正月のありさまを鋭い目でじっと見守っている、その真澄の心中を推しはかったくだりがあるが、この問題を私は、参加とか観

察の客観性などといったありあわせの刀で、きいたふうに切りさばいてしまうことができない。(1)

川田がここで問題提起をしているように、「参加とか観察の客観性などといったありあわせの刀」を用いずに、この問題について菅江真澄を通して深めていくことができないものだろうか。本章はそのささやかな一歩を記すために起こしたが、まずは、川田が紹介した「柳田国男が書いた文章」に目を通して、その内実に向かっていきたい。おそらく、後に『雪国の春』（一九二八）の中に編集された、次の「『真澄遊覧記』を読む」（一九二八）という文章の中ではないかと思われる。

「雪国の春」を校正する片手に、ふと心づいて拾い読みに、再びいくつかの巻の正月の条を出してみたが、精彩ある村々の初春行事よりも、なお鮮かに自分の眼に浮かぶのは、囲炉裏の片脇に何の用もなくて、ぽつんとして見ていた菅江真澄の姿である。年越の宵暁は主人は神祭りに、刀自は食べ物の用意に余念もない時刻であって、今年ばかりの遊歴の文人に、手伝ってもらう仕事は一つもないばかりか、おちおちと話の相手になる者もあったはずがないのである。外がきらきらと晴れた日でもあれば、出でて山を望み雀の声を聞きもしたが、吹き荒れている時はしようこともない。回礼の客人には気楽な話ずきがあっても、真澄は酒のきらいな幾分かきまじめな人であった。故郷の新年を考え出さずにはおられなかったこと

と思う。(2)

さらに、柳田が『真澄遊覧記』から拾い読みした、いくつかの部分はどこかを探ることはむずかしいが、その一例としてなら挙げることができるかもしれない。たとえば、寛政六年（一七九四）の一月一四日、下北での三度目の年を越した真澄は、田名部（青森県むつ市）における小正月行事を、「奥のてぶり」の中で次のように記述している。

夜くだち、亥子の頃にもなりぬれば、いをのひれ、あるは、いをの皮にてもあれ、もちともに、これをやいぐしのやうなるものにさしはさみて、戸ざしあるとあるかたに、さしありきぬ。これをなん、やらくそとぞいひける。わが父母の国にて、せちぶ（節分）の夜、かどのとのはしらに、豆のからにいはしの頭をやきさし、ひゝらぎとならべてさせるとき、「柊もさぶらふ、やいかゞしもさぶらふ、ながくにましくてやらくさ」と、はやすに似たる。(3)

真澄は下北の正月行事を見つめながら、それが「わが父母の国」である故郷の三河では、節分に行なわれる年中行事に似ていることを述べている。三河地方では、現在でもヤイカガシと呼んで、節分の日、イワシの頭に唾をかけ焼いてクロモジの枝にさし、アセボ（馬酔木）の枝を添えて門口にさす行事がある。(4)当然のことながら、「わが父母の国」の正月のことも思い出されたにちがいない。つまり、下北と故郷の三河との比較を通して、その差異や共通性を得ていったわけである（写真1）。

このような真澄の目の位置は、彼のどのような境遇から導かれたものであろうか。柳田国男は昭和三年（一九二八）の秋田考古会菅江翁百年記念会での「秋田県と菅江真澄」という講演の中で、次のように述べている。

ことに遠国の異風に目を着けた人々は、たいていは還ってこれを都市の民に語り、笑い興ずるのを目的とし、従うて地方限りの故事由緒などは、いかに熱心に説き聴かされても、軽々に看過するのが通例でありますが、夙に故郷に帰ることを断念したらしきわが菅江氏は、まったく特殊なる心境をもって、そういう話（引用者注：「常人の生活」）にも耳を傾けております。(5)

写真1　ヤイカガシ（千葉県銚子市外川、1987.2.27）

故郷に帰ることを断念してからの真澄にとって、土産話として珍奇なものだけを表面的に見聞してあるく目や耳を持ち合わせなかった。その土地の日常の生活を実証的に記録するしかない独特な位置に、真澄の目や耳が存在していたからである。真澄の目の位置とは、とりもなおさず耳の位置でもあることにも注意したい。後年、地誌を手がけたときの態度や方法も同様で、「主として材料を自身の踏査と、住民の談話から得ようとした趣旨」(6)が一貫している。

柳田国男はまた、真澄の文体についても同じ講演で次のように触れている。

とにかく鍛錬の功か専念の力かは知らず、外から見れば窮屈至極なあの文体を駆使して、いかなる鄙俗の話題でも、遺憾なく言い表しているので、一度でも文体のために描き残したらしい形跡の見えぬのは、我々どもの常に羨ましく思うところであります。(7)

柳田国男が羨ましく思う文体は、現代において民俗学や文化人類学の記述に関わる者にとっても、大きな問題を投げかけているように思われる。

たとえば、現在のフィールドワークにおいては、調査機材の発達により、より客観的な調査が可能になったと言われている。記憶を止めることに関しては、カメラやボイスレコーダーのほうが、人間の目や耳の能力をはるかに超えている。語り手の言葉をそのままに活字に移す場合にも、録音機によって、より大きな効果を上げているだろう。

しかし、その録音機をそのまま活字に直した資料は、確かに客観的な資料には違いないのだが、生きた資料として耐え得るものであるかどうかは、また別問題である。語り手の語り口はそのまま生かされることがあっても、聴き手の側の感性や態度は欠落してしまうのではないだろうか。つまり、語り手との出会いによる採集現場そのものを伝えることは、録音機の音声に集中して頼る分だけ、全体を捉えにくくしている。語り手の語りが採集現場によって大きく左右されるという事実を考慮すれば（第一部第三章参照）、本来の意味での客観的な資料とは、語り手の語りとともに、その採集現場を生き生きと伝えたものではないだろうか。

真澄の文体は、この語りの部分に対する地の文が、同じ平面上に展開していくことに、大きな特徴の一つがあると思われる。つまり、伝承内容とその伝承現場の描写とが、自然につながっていくような文体なのである。現代の録音機にたとえるとすれば、語り手の話が始まったときに録音を開始するのではなく、始めから自分の会話をも含んで録音している状態にも似ている。語り手の言葉とそのときの状況とが、ほとんど等距離で把握されているのである。

本章では、真澄が現在の岩手県や宮城県に当たる地方を歩いたときの日記（「真澄遊覧記」）の中から「はしわのわか葉」や「はしわのわかば（続）」などを挙げながら、真澄の目の位置というよりも、彼が語り手と接するときの耳の位置のようなものを探っていきたい。

その一つの方法としては、これらの旅日記の中から、伝承内容（口承文芸）と伝承現場とが並列して記述されている箇所を取り出し、現在において採録できた同型の伝承内容や伝承現場とを比較してみることから始めたい。この比較作業において、伝承の方法の変化とともに、恒常的な部分を見いだしながら、菅江真澄の記録者としての位置の取りかたを学ぶことができるかもしれない。

真澄が聞いた船幽霊

天明六年（一七八六）七月一八日、菅江真澄は気仙沼（宮城県）から大島（気仙沼市）へ渡ったが、船中で「船幽霊」の話を聞いているので、その箇所を引用してみたい。
真澄はこの日、大島神社を参詣しようと思い立ち、気仙沼から大島へ渡ることになった。気仙沼の市は、一カ月のうち、三と八の付く日の六回、開かれていた。真澄は、この一八日という市の日に、大島から渡ってきた舟の帰路に便乗して、大島へ渡ったのである。

ともろわきろとて、三ところにかけて、いれはらも、おるゝばかり、つむぎの縄も、とけん計りに、おし出されたれば、いとくらき霧のなかにこぎいる。おくれたる舟は、かなた、こなたに声のみ聞へて過る。舟子「かゝるもやの日は、ゆうれい船の出なん。いそげ〳〵」といふに、「こはいかなるものにて、何のさまたをし侍るや」といへば、舟子こたへて、ここらのふねの、あやまちて浪にとられ、海に死たる者の、たましひとゞまりて、かかるもやのなか、又夜船こぎありけば、いづこともなふ海のうへに舟あらはれて、あまたのこゑして、おめきさけんでよばふに、のがれんかたなければ、ひさくかせ〳〵といふめるとき、そこを放ちてやりぬ。さることはしらで、ひたもの水をくんで、こなたの船にいれんとするに、舟とく、にげのくことにこそあなれ。(8)

この「船幽霊」の話は、現在の気仙沼地方でも、よく耳にすることができる話である。この世間話は、いったいどのような伝承の場で語り継がれてきたのかということが、以前から気にかけていたのだが、真澄は同じ話を舟の上で、しかも「いとくらき霧のなか」で聞いている。舟子が「こういうモヤの日は幽霊の舟が出る」と言うと、真澄は、早速「それはどういうもので、どういうことをするのか？」と聞き返している。

現在、宮城県気仙沼市の小々汐という漁村で、私が同様の話を聞いたときにも、これらの話は、たとえば、霧雨が一日中降る日などに、「こんな日は漁に出かけないもんだ」と言いながら、話を切り出したという。かつて、そのような天候の日に漁に出て船幽霊に遭った人の話などが、主に話されたという⑼。

気仙沼市唐桑町小長根の佐々木利男さん（大正七年生まれ）からは、少年の頃、カツオ船のカシキ（炊事役）を務めていたときに、一緒に乗船していたトモのオヤンツァマ（親父さま、船の責任者）から、「船幽霊」の話を教えられたということを耳にした。神妙な面持ちで甲板の上に膝を付き、オヤンツァマから「沖で亡魂（船幽霊）に遭ったとき、もし亡魂からツルベを貸せと言われたら、底を抜いて貸すものだ。エナガ（柄杓）を貸せと言われたら、ケェッチャ（逆さ）にして貸してやれよ！」と教えられたものだという。

カシキは他の船乗りが起きない前に米をといだり、茶碗を洗ったりして、暗い中から一人でいる機会が多かったが、そのようなときに亡魂や不審な漁火が見えることがあるという。しかも、ツルベやエナガは、カシキがよく使用する道具であり、船幽霊を信じていた漁師にとって、亡魂にこれらの道具を用いて船に水を入れられたりすることを恐れていたために、なおさらこの話をカシキに伝えたものと思われる。(10) 真澄が書きとめた「ひさく（柄杓）か（貸）せ〳〵といふめるとき、そこ（底）を放ちてやりぬ」という、船幽霊の対処法が、現在まで生きていたことになる。

写真2　盆船を川のそばに置く（宮城県気仙沼市の鹿折川、1986.8.16）

これらの二つの事例からは、「船幽霊」の話が、真澄が耳にしたときと同様に、霧雨が降るような「時」や、船という「場所」に誘導されて話されていることが理解される。真澄の記録でさらに注意すべきことは、彼はこの話を盆の月である七月の一八日に聞いていることである。二日前の一六日の日記には、「けふなきたま送るとて、たまゝつりの具、みな菰につゝみて、その菰をふなかたちにつくりて、帆柱をはじめ、それ〳〵のことをそなへて、川に持出て、かひ流したり」という、送り盆の盆舟の記述がある（写真2）。船幽霊は盆の月に出ることが多いという全国的な伝承を見渡すかぎり、この盆舟の記述は、後に船幽霊譚を導入する伏線という技巧だけとは思えないような、日本の死霊信仰をめぐる分厚い伝承が生きていたことが知れるようである。

菅江真澄は、約一カ月に渡る気仙沼での滞在中、この船幽霊譚だけでなく、様ざまな所で様ざまな人から幾つかの話を聞いている。七月二四日には、観音寺にて「あるじの法印」から、この寺の縁起と思われる、義経と「みなつるひめ」の話を聞いている。真澄が観音寺を訪問してから四年後の寛政二年（一七九〇）の三月、観音寺では「當山観世音略縁起」という刷り物の中で、「皆鶴姫」という漢字の表記で、このヒロインの物語を展開している。(11) 同三〇日には、気仙沼の街角に立つある女から、オシラサマの祟りの話を聞いている。いずれも、それらの話の内容だけでなく、その伝承現場を手に取れるような記述で日記を書きとめ、近世にそれらの話が、どのような人間によって管理してきたかを明らかにしてくれている。

ホトトギスの声

柳田国男は「『真澄遊覧記』を読む」の末尾で、真澄が彼岸の日に草野の路にうずくまり、童児から「兎と田螺」の昔話を笑って聞こうとした心持ちを印象深く述べている。柳田は最後に真澄のことを「こんな寂しい旅人」と記したが、(12)「はしわのわか葉」の中にも、児童の言葉から、一つの昔話を導いている箇所がある。天明六年（一七八六）四月二九日、ホトトギス（時鳥）の声をよく耳にする日でもあったのだろうか、旅日記には次のように記している。

　木々のいとふかく生ひ茂りたる中に時鳥の鳴クを、童（ワラハベ）の集りふりあふぎ聞て、「町さ往（イツ）たけとか」と、此鳥の鳴く真似（マネ）する諺（コトワザ）のあるなり。此処（コヽ）に町といへるは肆市立（イチダテ）に行ク事をいへり。また時鳥を五月鳥（サツキドリ）とも五月鳥子（ゴグワチトリコ）とも、また田うゑ鳥ともいふ処あり。また小鍋焼（コナベヤキ）といふ郷（サト）もあり。此こなべやきといへる事は、むかし男子（ヲノコ）ふたところもたるひんぐうの君あり、太郎は亡妻（モトメ）の兄（コ）にて次郎は後妻（ウハナリ）の弟（コ）也。此弟（オトウト）しばし兄（アニ）の外（ト）に出（イデ）て遊び居（ヲ）るをうかゞひ、なにくれとあなぐれいでて小鍋焼（コナベヤキ）てふ事して物煮（モノニル）を、兄（アニ）のゆくりなう外（ト）より来（キ）て、こは某烹（ナニニル）かとさしのぞけば、兄に見せじと、かなたこなたともてわたり、また兄の来たらいかゞせんと、もの陰（カゲ）にかくろいて、唯一人（ヒトリ）是を喰（ク）ひにくひて、あな腹くるしとふしまろび、背中裂（セナカサ）て、くるひ死たり。其弟（オトウト）が霊魂霍公（ナキタマホトヽギス）と化（ナ）て、しか「あつちやとてた、こつちやとてた、ぽつとさけた」と叫（サケ）び鳴く也。そは其よしなりといへり。[13]

真澄がこの昔話を記録したのは、現在の岩手県南地方であるが、宮城県北の気仙沼地方でも、ホトトギスは「ポットサケダ」と鳴くという言い伝えやその由来譚、誰もいないときに一人でおいしいものを作って食べることを「小鍋焼き」と呼ぶ民俗語彙が残っていて興味深い。

この昔話は、『日本昔話大成』の分類で、四六番の「時鳥と兄弟」に相当する。真澄は「はしわのわか葉」の「はしがき」に「時鳥の物語リ」と記している。その「物語リ」を記録した日から三日後、真澄は親しく交際してきた人と別れようとする日の明けがたにホトトギスの声を耳にして、「時鳥なみだなそへそ見る夢もこよひばかりの宿のまくらに」という歌を詠んだ。ホトトギスの鳴き声は夜明けだけでなく、夕方にも耳にすることが多いが、柳田国男は「野鳥雑記」（一九二八）の中で、鳥の鳴く時刻について、次のように述べている。

兄姉はまだ野仕事から帰らず、母は勝手元に火焚き水汲みまたは片付け物に屈託をしている間、省みられざる者は土間の猫・鶏、それから窓に立ち軒の柱にもたれて、雲や丘の木のとりとめもない景色を、ながめていることのできる人たちであった。年寄がいなければ子供仲間で、物陰を恐れて遠くへは行かずに、心ばかりをだれよりも自由に、働かそうとしたのもこの時刻であった。それが百万回以上も積み重ねられて、ここにいろいろの村の文学ができた。（中略）昔話の主人公となった梟（ふくろう）や時鳥、東北の野山ではカッコウら馬追い鳥が、いずれも暮れかかってから鳴きしきる鳥であったことは、私にはすこしも偶然とは思はれぬ。(14)

夕べの忙しさから、つまはじきにされている老人とその孫たちが昔話の管理者であるとしたら、その夕べとは「昔話の時刻」であったことを、柳田はさりげなく述べている。旅人である菅江真澄もまた、老人や子どもと同様に夕暮れには、仕事に励む生活者からは押し出された存在であった。彼が子どもから無心に昔話を聞いたのも、そんな時刻だったろう。柳田は、次のようなことも「遊歴文人のこと」（一九二九）の中で記している。

しかも旅人にはその声（引用者注：鳥の声）に耳を傾けるような、余裕のあったことも事実である。余裕という語は当らぬかとも思うが、とにかくにどれだけ友人が多く、また款待せられていた旅人でも、日の暮早朝の徒然というものはあった。それがまた鳥の最もよく啼いて通る時刻でもあったのである。盆とか正月とかの土地の人の忙しい頃は、寄寓者の特に無聊を感ずる季節である。(15)

一日の中で夕刻が、一番人々が忙しく立ち働く時刻であったとすれば、一年の中で一番忙しい日々が年末である。最初に紹介した、真澄に関する柳田の文章はこの年末を描写しているわけだが、「野鳥雑記」の部分と主旨は通じている。

しかし、真澄が採集した昔話が、現在の「民話」という名の再話よりも成功しているように思われるのは、そのような、生活からはじきだされた距離から対象を見続け、あるいは聞き続けているからである。対象から目をそらせば観念的な遊戯になり、逆に対象に溺れ込んでしまえば単なる感傷に終ってしまう。対象との距離を絶えず修整しながら緊張した文体まで高めたのは、ひとえに彼の「旅人」としての位置であり、今、あらゆる地方の郷土史に求められているのも、そのような「旅人」としての目や耳であるように思われる。

東北の風土から真澄を読むこと

このような対象との距離について翻って考えてみるに、それはわれわれが菅江真澄の日記などを読むときにも、生じてくる問題でもある。

前述したように、真澄が下北の正月行事を記しながら、故郷の正月を思い出したとするならば、少なくとも感情移入できる共通基盤があってこそ関心をもって理解できる対象でもあったことを示している。つまり、真澄の場合は、近世という同時間における民俗事象の空間的な差異の問題であったが、現代を生きるわれわれが菅江真澄の日記を読むという、時間的な差異の問題にも移行して考えてみることも可能である。すなわち、近世の真澄の文章を現代のわれわれが読み込む場合には、少なくとも近世と現代の共通の基盤として、東北の風土に根ざした世界から読むことによって、より真澄の描いた世界に近づけるという可能性が開かれていくと思われる。

たとえば、本書所収の「ことわざの民俗」でも触れた箇所を繰り返すことになるが、真澄の「かすむ駒形」に見える、天明六年（一七八六）二月八日以降の記事には、次のように書かれている。

この九日、十日、十一日、十二日、十三日、十四日と日をふる雪に、たゞ埋火のもとさらずふみ見つゝをれば、人の訪ひ来て、二月の木の股さき、三月の蛙の目がくしとて零り、雪

のはては涅槃（ねはん）なりといひ諺（ならわ）しさふらふ也なンど語りぬ。(16)

徳岡の村上家（岩手県奥州市胆沢町）に寄寓をしていたこの日々、毎日雪が降る中、火のそばを離れず文を読み返していた真澄の元に、ある人が来て、「二月の木の股さき、三月の蛙の目がくしとて零り、雪のはては涅槃なり」という「諺し」を語っていく。

この「諺し」について、内田武志と宮本常一の現代語訳の「注」では、次のように記している。

> 二月は木の股もさけるほど大雪がふり、三月は暖かくなったり急に寒くなったりするものだ。蛙が土の中から暖かくなったと思って這いだしてみようとすると、また冷えて雪がふってくる。季節を現わす諺で、第一巻の出羽の〔小野のふるさと〕にも同様に出ている。(17)

「季節を現わす諺」にはまちがいないが、内田と宮本の訳では、いささか、その真意が伝わっていないように思われる。むしろ、これは現在の気仙沼地方でも採録されるタトエ（諺）によって明らかにされる。

まず、「二月の木の股さき」については、同地方で耳にした「親棄山」（大成五二三A）という昔話の始まりに次のように登場している。語り手は気仙沼市小々汐の尾形栄七翁（明治四一年生まれ）である。

> 昔、敬老国と棄（き）老国があったった。敬老国とは年寄りの国、棄老国とは若い人だちの国、その棄老国の方でね、六二（歳）になれば木の股さつっかけて死がせだと。

ところが、その六二になるズンツァマ（爺様）が利口なズンツァマだったもんと見えて、行きたくねがったかなしてたが、「二月雪降れ木の股隠せ」という歌をかけた。そうしたれば、その晩げ雪降って降って、のっそり降って、人の行き来もなんねぐれ降ったと。木の股きり降ったどっさ。それで、行きかねて、そのズンツァマをどこさか隠してしまった。

（後略、一九八五年四月九日採録）

実は、この昔話の中から「二月雪降れ木の股隠せ」というタトエも生まれている。つまり、二月は木の股を隠すくらいの大雪が降るという諺であり、「二月は木の股もさけるほど大雪がふり」という意味ではなく、木の股は、あくまで降雪量の目安であった。

同様に、気仙沼地方では、「三月の蛙の目がくし」というタトエがあり、春に「ねまった蛙のマナク（目）くらいの雪が降る」ことを指しており、これも「蛙が土の中から暖かくなったと思って這いだしてみようとすると、また冷えて雪がふってくる」という意味ではなくて、あくまで雪の高さとしての「蛙の目がくし」という目安を現していたのである。

つまり、真澄が聞いた「二月の木の股さき」も「三月の蛙のめがくし」も、降雪量（雪の高さ）を示した諺であった。気仙沼や胆沢など、東北地方の太平洋側や仙台平野では、旧暦の二月ころにどっと大雪が降ってから、その後は雪が少なくなることが多く、今でもそのことを「春（新暦三月ころ）のドカ雪」という言葉で印象深く語り伝えている。

また、さかのぼる天明四年（一七八四）九月二六日、真澄は羽前（山形県）から羽後（秋田県）の境である有耶無耶関を越えたところの小砂川で漁師から宿を借りたが、主人からその春に飛島で出遭ったクジラの話を、次のように「秋田のかりね」の中に書き留めている。

> 此春行たりしかば大なる鯨八ッ、せをならべてうかび出たるに、こは、ふねかへさんとかぢとゞめて、おほんゑびす、さまたげなせそとたのみしかば、海そこにかくろひたり。[18]

この部分の、内田武志と宮本常一の現代語訳は次のように表現されている。

> この春いったとき、大きな鯨が八頭、背をならべて浮かびでたので、これは舟が覆されるのではないかと梶をとめて恵比須神に祈ると、海底にかくれていった。[19]

この現代語訳が不十分なのは、この漁師は「おほんゑびす」とクジラへ向かって呼びかけたのであって、「恵比須神」に祈ったわけではない点である。早川孝太郎の『羽後飛島図誌』（一九二五）には、「島では鯨をエベス様というている」という記述がある。[20] 東北地方では、太平洋岸でもクジラをエビスと呼んでいたという記録も多い。

これらの事例からは、菅江真澄を読み込むに、これまでに東北地方で蓄積されてきた多くの民俗の採集資料を、どのように役立てていくかにかかっていることを明らかにしている。そのことは、とりもなおさず、菅江真澄が、現在において採集できる民俗資料と十分に渡り合えるような聞書きを、一人の旅人として独自の耳でもって捉えてきたからにほかならない。

注

（1）川田順造『マグレブ紀行』（中央公論社、一九七一）
（2）柳田国男「『真澄遊覧記』を読む」『雪国の春』（角川書店、一九五六）
（3）内田武志、宮本常一編「奥のてぶり」『菅江真澄全集』第二巻（未来社、一九七一）
（4）磯貝勇・津田豊彦『日本の民俗　愛知』（第一法規、一九七三）
（5）柳田国男「秋田県と菅江真澄」『菅江真澄』（一九四二）『柳田國男全集3』（ちくま文庫、一九八九）
（6）柳田国男「白井秀雄とその著述」『菅江真澄』（注5と同じ）
（7）注6と同じ。
（8）内田武志・宮本常一編「はしわのわかば（続）」（仮題）『菅江真澄全集』第一二巻（未来社、一九八一）
（9）川島秀一「真澄が聞いた船幽霊」『憑霊の民俗』（三弥井書店、二〇〇三）
（10）川島秀一「カシキと船幽霊」『民話の手帖』第四四号（日本民話の会、一九九〇）
（11）川島秀一「消え去った「うつほ舟」――真澄が聞いた「皆鶴姫」」『菅江真澄と気仙沼』（第十五回全国菅江真澄研究集会実行委員会、二〇〇二）。「皆鶴姫」の伝説については、本書第四部第二章を参照。
（12）注2と同じ。
（13）内田武志・宮本常一編「はしわのわか葉」『菅江真澄全集』第一巻（未来社、一九七一）
（14）柳田国男「野鳥雑記」『野草雑記　野鳥雑記』（角川書店、一九六二）
（15）柳田国男「遊歴文人のこと」『菅江真澄』（注5と同じ）
（16）菅江真澄「かすむ駒形」『菅江真澄遊覧記2』（平凡社、一九六六）

（17）注16と同じ。
（18）菅江真澄「秋田のかりね」（注3と同じ）
（19）菅江真澄「秋田のかりね」『菅江真澄遊覧記1』（平凡社、一九六五）
（20）早川孝太郎『羽後飛島図誌』『日本民俗誌大系』第7巻北陸（郷土研究社、一九七四）

第二章　声を文字に換えること
――佐々木徳夫の半世紀

宮城県の佐々木徳夫（一九二九～二〇一〇）は、その自伝的なエッセイ集である『われ成り成りて』の副題に「昔話採集家の人生手帖」と記している。[1]同著の「著者略歴」にも、自身のことを「昔話採集家・エッセイスト」と規定しているようである。

その『われ成り成りて』には、「昔話研究は伝承者の発見、昔話の採集に始まり、研究者は同時に採集者でなければならない」[2]という一文があることから、「昔話採集家」の内実は、「研究者」であり「採集者」であることを意味しているのかもしれない。

佐々木徳夫は、一九二九年に宮城県中田町（現登米市）で生まれている。父親が助役や町長を歴任していたという名望家であり、若いころから文字に親しむ環境で育ったようである。[3]佐々木は、『酒の三太郎』[4]（一九六六）から始まって、四〇年のあいだに、昔話集やエッセイなどの単著を四二冊ほど発刊している。この『酒の三太郎』について、佐々木は次のように述べている。

『酒の三太郎』は語りを忠実に記録した五十話の昔話集で、例えば次郎は「じろう」と読まれるので、ずろう（次郎）とし、くずうりょう（九十両）、ねどご（寝床）、しゃくしょう（百姓）、おぬがすま（鬼ヶ島）、しと（人）、こす（腰）、すんで（死んで）、おでら（お寺）というように、面倒でも発言どおりに書いて、漢字で説明した。(5)

つまり、昔話の語り手の発音に忠実に、それを五十音で表現しようと、ぎりぎりの表記の方法を選んだことになる。この表記を指導したのは、当時、宮城県白石市の図書館長であった菅野新一であり、佐々木の次の昔話集『むがす、むがす、あっとごぬ』(6)（一九六九）まで関わっていることは、この書を校訂したのが菅野新一であることからも確認できる。そもそも、この標題からして、それが「昔、昔、あるところに」という昔話の語り始めの言葉を、宮城県の語り言葉として五十音で忠実に再現したものにほかならない。菅野は佐々木に対して、このような表記方法について助言をし続けた人であるが、『むがす、むがす、あっとごぬ』は八回も書き直しをしたという。昔話の語り言葉の不明な点は、再度、語り手に会って聞き直しをすることまで要求したという。

しかし、この語り言葉の忠実なる再現は、昔話採集におけるテープ・レコーダーの導入と無関係ではない。佐々木によると、『むがす、むがす、あっとごぬ』の採集は、ほとんどオープン・

テープで行なったという。この書が発刊された一九六九年は、ちょうどカセット・テープが日常的に生活の中に定着していったころである。

それでは、先の『酒の三太郎』では、佐々木がどのようにして昔話を採集したかといえば、それは速記術であった。昔話は繰り返す言葉が多いので、自分で工夫をして速記をしていったという。

しかし、最近の佐々木の昔話集には、おそらく、「ずろう（次郎）」とか「しゃくしょう（百姓）」、「しと（人）」、「こす（腰）」、「すんで（死んで）」、「おでら（お寺）」などの表記は、漢字のみになっているはずである。昔話集を読む側からすれば、これは非常に読みやすくなってきたことに尽きるが、この表記上の変化が、いかなる理由によってなされたのかが興味がある。

おそらく、この表記の違いは、テレビジョンの普及による影響などによって、地元の言葉が使用されなくなったという語り手側の変化によるものだけではないだろうと思われる。たとえば、佐々木は、『われ成り成りて』の中で、「昔語りは言葉のリズム、言葉の音楽なのだと思った」[7]と記しているが、『酒の三太郎』や『われ成り成りて』などの初期の昔話集のような、括弧に漢字を組み入れた表記方法では、音読でも黙読でも、「言葉のリズム」を十分に堪能することはできないだろう。

この、佐々木徳夫という、一人の「昔話採集家」の昔話記録の歴史をたどるということは、こことに、いかに格闘してきたかを明らかにすることに等しいものと思われる。

注

（1）佐々木徳夫『われ成り成りて』（佐々木徳夫ふるさとの会、二〇〇一）
（2）注1と同じ。三六頁
（3）二〇〇五年一二月二六日、高木史人・飯倉義之とともに、仙台市において佐々木徳夫にインタビューを行なった。
（4）『酒の三太郎』（みちのく昔話研究会、一九六六）
（5）注1と同じ。二六頁
（6）『むがす、むがす、あっとごぬ』（未来社、一九六九）
（7）注1と同じ。三七頁

第三章　声の配達人
――阿彦周宣『天楽丸口伝』の方法

およそ「聞き書き調査」という方法を試みた者ならば、口承文芸の調査に限らず、現に向き合っている語り手の一生を描いてみたいと思われる人物に、幾人となく出会うことと思われる。山形県酒田市宮海(みやうみ)で生まれた阿彦周宣(あひこしゅうぎ)（一九四八～一九九三）も、近所に住んでいた芸名吉田天楽丸と呼ばれた人形遣い師、佐々木時次郎翁（明治三四年生まれ）から昔話や伝説や世間話を聞く一方で、その人生にも魅せられて、「天楽丸の語り口をそのまま筆録し、年代順に配列してみよう」と思い立ち、六年間もこの翁と膝を突き合わせることになった。その結晶が、阿彦の民話研究の出発点となった著書、『天楽丸口伝　遊芸の世間師』（一九八二）である。

この書には、天楽丸の声だけでなく、アサエ夫人（明治四三年生まれ）の声も、量は多くないが、「アサエさんの証言」として、間隙を縫って登場させている。アサエ媼は、この書が発行される一年前に急逝するが、阿彦をして、そのとき「なぜアサエさんからの聞き書きも深めなかったか」とか、「この本をもっと早く出版できなかったのか」(1)と悔やませることになった。
また、天楽丸が自身の人生を振り返った「語り口」だけでなく、彼が持ち伝えた口承文芸の一端も、その伝承経路と共に口承文芸の資料集のように掲載されており、それは別表にまとめてみた（表1）。さらに、天楽丸夫妻の語り口の合間に、阿彦自身の「取材日記」を組み入れていることも、この書を魅力のある造本構成にしている。阿彦はこのことについて、同書の「はじめに」に次のように記している。

それから、彼の足どりを少しなりとも確認するために私は取材旅行に出て、彼を知る人々の懐かしい証言を得て、天楽丸の語りの内容が決して単なる自己劇化の産物ではないことが理解できたのである。本書においては時に聞き手の編者が思い出を語ったり後日談を述べて邪魔をすることになるかもしれないが、それは語り手の体験談を少しなりとも客観化し立体化しようという試みである。

また、阿彦が天楽丸の伝える口承文芸よりも、その実人生の方に牽引されていった契機については、その「取材日記」の一部に、次のように記している。

① 確かに私は天楽丸に対し、最初から体験談を求めたのではなかった。むしろ、彼の語る笑話や伝説等に胸を踊らせていたのだ。だが、天楽丸の養子時代の話を耳にした今、余りに

表1　佐々木時次郎翁の口承文芸と伝承経路

伝承経路	口承文芸の題目
祖父 佐々木岩蔵	一休問答　小僧三人、餅二つ　和尚の裁判　ゴヘラのゴン　小僧の屁理屈　馬鹿聟の三晩　六平の八卦　法螺つぎくらべ　片倉小十郎の頓智　俄武士・太郎　法螺吹き岩吉さん　間男殺しの後始末　清助さんの狐退治　頓智組長　金田一伝説
	磐次磐三郎の話　マタギの刀立の法　真言密法の奥の伝
母 ミキ	人形節
	お里沢市　岩見重太郎ヒヒ退治　鬼神のお松　信夫山の七色狐─阿部の童子丸　鑑鉄坊さん傘踊り
父 池田与八	中山安兵衛　自来也　白井権八　孝子の仇討
[講談本]	亀山孝子の仇討　南部恐山孝子の仇討　孝女白菊
講談師	親を買う話
大黒舞いさん	大黒舞い唄
石屋師匠 佐々木徳松	女郎狐に化かされた話　上下の狐
石屋仲間 瀬浪福松	デンガク豆腐の好きな和尚様　馬鹿息子の修行　常安寺の化物退治
宗得寺和尚 中島放牛	化物狸の祟り　殺した女の祟り　因縁の重なり　盲の六部の祟り
久慈の神官様	死んだ息子の引き合わせ
口寄せイタコ オナカ	イタコの口寄せ唄
「神憑ぎ」 佐々木トク	宝物の夢知らせ　山の水の教えと因縁
中島のお婆さん	狸の祟り
下市神の大場鉄三の父親	じゅんこ地蔵
宮海の鋳物師のお婆さん	二カ所地蔵　戊辰戦争秘話と廃物毀釈
宮海の佐藤与吉	五行の塔と漁師たち　出雲の流木と十一面観音
宮海の佐藤与次郎	酒田大地震聞き書き

も奇妙な符合に気が付いた。即ち、孤児同然の孫に祖父が小僧の頓智話を語ったこと。しかも、修学前に聞いたその「和尚と小僧」話の後に時次郎少年を待ち受けていたのが、まさに小僧見習いの生活だったのだ。寺へ養子送りにする孫に〈勉強して、いい和尚になれよ〉という祖父の願いが、これらの「和尚と小僧」話にこめられていたのではないのか。それ故にこそ昔話の世界が天楽丸の実体験と重なり共鳴し、更に物語を記憶せしめたのではなかったのか。(2)

② 現在も易断師・高島天楽とも名のる佐々木時次郎翁の姿を「六平の八卦」の話に照らし合わせる時、少年の日の彼を惹きつけた昔話の世界に自ら扮したというドラマを見る思いがしてならないのだ。

一人の人間に昔話がこれほどまでに生きるものなのか。もしかしたら、天楽丸が人形遣い師として独立する時、外題を難なく物にしていくのも、祖父や母親の口承文芸の豊かな土壌が根底にあったからではないだろうか。(3)

①は天楽丸が語った昔話の「和尚と小僧」、②は「聴耳草紙」を思わせる、八卦置きのサクセス・ストーリィについて述べている。これらの昔話が天楽丸の実人生に重なり合っているのではないだろうか、と考えたことが、「天楽丸口伝」とも付した、佐々木時次郎翁の口頭による自伝の記録を生むことになった機縁である。

この書の「あとがき」には、天楽丸の長男・武雄さんが四七歳の若さで他界してしまったことから始まっている。「私の手元に残された三十数本のテープには、天楽丸と共に武雄さんの生前の声が入っている」[4]と、〈声〉という言葉を使用している。また、このすぐ後にも「懐かしい五味堀部落や岩手の人々の声を聞いては目を潤ませていた天楽丸の表情を私は忘れることができない」と、〈声〉の文字が見える。これらの〈声〉は、すべて、テープ・レコーダーに録音した〈声〉のことである。

とくに、後者の〈声〉は特異な収集状況を示している。前述したように、阿彦は、天楽丸が宮海に落ち着くまでに転々とした箇所を、主に東北地方を中心に「取材」に歩いている。そして、そこで出会った、天楽丸にゆかりの人々から、天楽丸へ対するメッセージをテープに吹き込んでもらい、この〈声〉を天楽丸に届けているのである。いわば、阿彦周宣は「声の配達人」でもあった。この「配達」の様子を知るに、「あとがき」に記されている「五味堀部落や岩手の人々の声」の具体例を本文から挙げておきたい。

①「元気なうちに、また五味堀さ来てくだせ」と言う春日さんや他の婆様達。翌日テープの声に聴き入る天楽丸は目を潤ませながら何度も「ありがとうございます」を繰り返したのだった。この時の天楽丸の顔を私は忘れることができない。[5]

② そして、武田さんは喜寿記念の家族全員のアルバムを私に託し、テープレコーダーにこ

う語ったのだ。

「佐々木さん、私武田喜八ですが、おかげさまで今も元気でやっています。佐々木さんも体を大事にして長々生ぎられるようにお祈りしてます。」(6)

①は、天楽丸一家が昭和四年から八年まで滞在していた五味堀（秋田県北秋田市）の春日トクさんの声である。天楽丸は五味堀菩薩堂で、ご祈禱などをしながら、別当生活をしていたが、天楽丸が岩手へ行って留守のときに、新生児を二人亡くすことになった、苦労の多い時代であった。

②は、岩手県下閉伊郡中里（岩泉町）の武田喜八さん（明治三五年生まれ）の声である。天楽丸は二〇歳のときに石工の職業を捨て、同町小本の宗得寺に出家したが、寺の利権争いのため還俗して再び石工になったときの懐かしい同僚の一人が武田さんである。

天楽丸にとっては、出かけて行って会う機会を逸している懐かしい人々に、翁の代わりに阿彦が会い、それらの人々の声を集めては天楽丸に持ち帰っていたことが理解される。これらの声を聞いて、さらに天楽丸が、そのころの時代を語り始めたことは想像に難くない。つまり、阿彦は天楽丸に関わる人々に出会ったことを全て、天楽丸に報告していたのである。これほどまでにして、語り手に接し、絆を結ぶことができたということは、阿彦の一種の調査方法から生まれたものであった。

阿彦は、「人形遣い師を「人形芸一筋」といった視点だけで捉えてはならない」(7)と述べ、「人形遣い師その人（引用者注：天楽丸）の体験をふまえて、「語り手」の側に立った考察がなされる必要を痛感するものである」(8)と、今後の課題を挙げているが、口承文芸を「語り手」の側に立って考察するには、その語り手の体験を踏まえなければならないことを述べている。天楽丸が見て感じた各地の風景を、阿彦が追体験するように「取材」を重ねた大きな理由である。

この、語り手の側に立った考察として、本書で印象的な部分は、天楽丸の夫人、アサエさんの、次のような「文化財」に対する「証言」である。

まだ、よそさ喋てねんども、「文化財」どが言って、この人形芝居を「昔のやり方でやれ」ってそのままやて行がねばねということはねなや。わしどしての考えだよ。そうでなくこの人形の遣い方覚えれば、今の話で芝居作ってやれるなよ。んだから、〈「必ずこうやってくれ」って教えるまでねえ〉ど思う。〈人形の遣い方覚えれば、同じ遣い方でも今の時代さ合わせでやった方がええ〉ど思うよ。そうすれば、おら家のジッチャ（天楽丸）死ねば、「やり方分がらんね」って言わねたってええしね。

これは私ひとりの考えだよ、まず……。武雄（引用者注：長男）がやた『アリババ』は、子供の教育劇で作ったんだ。んだから、そやて今の時代に合わせた方が長ぐ続いで行ぐど思う。何も「文化財」ってこどでなぐでもの……。「文化財」たって、生活楽なるわけでもねし……。(9)

『アリババ』とは、世界名作童話の『アリババ物語』のこと、学校教育劇の新境地を開き、「昭和三十二年以来、東北地方はおろか千葉県内の学校でも児童達を熱狂させた」(10)という。このことを阿彦は「そこには周囲の人々が口にする「保存」や「文化財」という消極的な形を超越して、より寛大な境地に達した天楽丸夫妻の真意を私は感じた」(11)と記した。

とくに、昭和四九年に秋田県の無形民俗文化財に指定された「猿倉人形芝居」が天楽丸の父吉田若丸によって創始されたにもかかわらず、「猿倉人形」の名の背後に隠れてしまった天楽丸親子のことを思うとき、「文化財」とはいったい何かということを考えさせてくれる。

また、『アリババ物語』などの書から、新たな人形芝居の台本を作成するという、文字を介した伝承についても、注意をしなければならないものと思われる。表1の「佐々木時次郎翁の口承文芸と伝承経路」を見ると、天楽丸は講談本や講談師からも話を得て、自家薬籠中のものにしてから、やがては人形芝居にもそれを活かしていくことになる。

さらに、天楽丸の伝承世界に大きく影響を与えた、家族からの伝承内容を見ると、祖父の佐々木岩蔵からは「和尚と小僧」などの笑い話を伝承されているが、父母が伝えた話は、講談に近い話であった。母のミキからは、「お里沢市」、「岩見重太郎ヒヒ退治」、「鬼神のお松」、「信夫山の七色狐――阿部の童子丸」などの話、父の与八からは「中山安兵衛」、「自来也」、「白井権八」、「孝子の仇討」などが、そのすべてである。これらの話は、講談で語られ、あるいは講談本に載せられる話に多く、天楽丸の父母たちも、これらの世界に深く影響させていたことがわかる。

天楽丸の口承世界の全体が幾分、伝説や笑い話に傾いていると思われるが、講談本などの文字文化を通して、口承世界が豊かになっていることは、文字が必ずしも口承世界を駆逐しないということを、再度、確認させられる事例である。

「語り手の側に立った考察」は、口承文芸の研究にとって、今後も深めていかなければならないテーマである。調査者が聞きたい〈口承文芸〉とは別に、語り手にとって聞いてもらいたい話とは何なのか。阿彦はおそらく、天楽丸から口承文芸を聞きながら、同時に彼が自ら迫力をもって語る自叙伝に、心を傾けていったものと思われ、その成果が『天楽丸口伝　遊芸の世間師』という書であった。迫力をもった語りとは〈声〉のもつ力であり、天楽丸にとっては、人形遣いという芸能を支えていた声の力であったに相違ない。

注

（1）阿彦周宣『天楽丸口伝　遊芸の世間師』（天楽人形保存会、一九八二）三二九頁

（2）注1と同じ。二六頁

（3）注1と同じ。一三一頁

（4）注1と同じ。四〇六頁

（5）注1と同じ。一八一頁
（6）注1と同じ。七五頁
（7）注1と同じ。四〇四頁
（8）注1と同じ。四〇五頁
（9）注1と同じ。三二五頁
（10）注1と同じ。四〇二頁
（11）注1と同じ。三二六頁

第三部　語りから話への回路

第一章　口寄せの声

メッセージとしての声

宮城県栗原郡築館町伊豆町（現栗原市）の阿部まつみ巫女（明治三〇年生まれ）は、「口寄せ」の由来を語った、次のような出だしで始まる話を伝承されている。

お釈迦様の十大弟子のひとりに、目連尊者という者がいだの。目連尊者の幼い頃、母親様は早くに亡ぐなってしまったのしゃ。夜な夜な目連尊者の枕許さ、母親が立ったんだどさ。何かしら告げるところがあるために、枕許さ立つんだろうと思ったんだ。

目連尊者はお釈迦様の所さ行って、母親を生き返すこどはできねえもんだろかって尋ねたんだどさ。したれば、お釈迦様は生き返すことはできないが、そんなに会いたいなら、声だ

け は聴くことができるっていったんだどしゃ。(1)（後略）

この話では、お釈迦様が目連(もくれん)尊者に、亡くなった母親を生き返すことはできないが、〈声〉だけは聴くことができる、と教え諭している。ここに、「口寄せ」という巫女の儀礼を根底から支えている、ある種の信条のようなものが読み取れる。

しかも、目連の母親は初め、枕許に立つというような、視覚に訴えるかたちで現れている。そのことが、何か告げたいことがあるのではないかと目連に推定され、死者から遺族へのメッセージを得たいがために、目連は母親が生き返ることを望んだわけであった。つまり、巫女の儀礼における「口寄せ」の〈声〉とは、死者を懐かしむ声（たとえば、声色とか語り癖）に出会うための〈声〉を要求しているのではなく、あくまで死者から遺族へのメッセージを得る手段としての〈声〉に出会うことを求めているわけであり、これが「口寄せ」という儀礼の最低限の要件であったわけである。

口寄せの言語

このことを、もう少し具体的に「口寄せ」の儀礼の現場を通して確認をしていきたい。「口寄せ」を広い意味で捉えれば、神を下ろす「神口(かみくち)」も、ホトケ（死者）を下ろす「ホトケ口(くち)」も同じ「口寄せ」であるが、民俗語彙では、「神口」の方をタクセン（託宣）とかオセンダクと呼び、あるいは儀礼そのもののことを指して、オクチビラキやカミサマアソバセ、オシラサマアソバセと呼んでいる。ホトケの方は、「ホトケ口」のことも、その儀礼のことも「口寄せ」と呼んでいる。本章でも「口寄せ」を原則的に「ホトケ口」のこととして扱うことにする。

その「託宣」と「口寄せ」と呼ばれる二つの巫業における〈声〉に注目して比較をすると、基本的には大きな違いがあるわけではない。ただし、「託宣」が、神からその言葉を聴く依頼者へ向かって、どちらかといえば一方的なメッセージがなされるために、内容は叙事的で、抑制された声を出すが、「口寄せ」――とくに亡くなったばかりのホトケ（「新口」）の場合は、双方からの対話にならない、声の呼びかけ合いがあるために、内容が叙情的で、韻律的な声を出すことが相違している。

もちろん、「託宣」にはアイヘンドウなどと呼ばれる仲介役がおり、「口寄せ」にも「問い口」と呼ばれる仲介役がいて、神やホトケが良くない予言をしたときに、「守ってくだはれせ」などと言葉をかけたりするわけであるが、この「問い口」を無視して、遺族が死者に呼びかけることが「新口（しんくち）」の特徴になっている。むしろ、「新口」では、ホトケに思いのほどをいっぱい語らせるために、「問い口」はあまりしないものだというところもある。

ここで、参考までに、実際の「口寄せ」の声を採録した資料を載せておきたい。岩手県大東町猿沢（現一関市）の千田よしの巫女（明治四五年生まれ）が、一九九〇年の一二月に行なった「口寄せ」で、亡くなったばかりのホトケは子どもである。口寄せの依頼者（遺族）の声は〈　〉で括り、ホトケが遺族に呼びかけているところに傍線を引いて表記した。

…。尊い親の手元に戻れない。もう一度母の乳房にすがりたい。もう一度母のユカタに帯を解いてて抱かれてみたいと案ぜたり。なんともなれかねたから、兄弟、そなたよ、婆婆から離れや、離されたばかりだ。今で郷土の便りない。冥土で懐かしい母に会いたいと思いおいたて、婆婆は届かぬことだから、こんなめんこい（可愛い）罪なきタカラ（子ども）、こんなめんこい罪なき…。〈あんまり、あんだ、おとなしかったもんな。最初から〉…。案じられたらことなれども、どのように思っておかれても、どうにもなれないことだから。問わるるどれほど、今度は良いとこさまと。我がバンチャン（お祖母さん）のおかげだ。一言、我がバンチャンのおかげだ。〈はっぱり、おかげだかなんだか。何度も夢に見だの〉おかげさまでどうやら、問われるイトコ様よ。〈そしたっけ息子いなくなってしまったのっさ〉必ず兄貴のことは必ず来ることなのだから。心配しないように。上々成功するようにと。ただ、我が身は父さんに語り残したが、もう一度父さんに車の付いた玩具を我が身は欲しい。〈はい〉車の付いた玩具、つまりオモチャを欲しい。〈はい。買ってけっから〉車の付いたるオモチャを欲しいと思うばり。父さんに語りおくよに。あとは何も心残りはあるとても、クチと車は欲しいと思えども、今は遊べない。一を積み重ね、毎日浮世のような道を積み重ねなければならないことだから、何ぼ我が身のことはとて、阿弥陀様に成ろうとて修行しなければ駄目なのだから。どうか問われる母親様よ、今年は四つ、来年は五つ、再来年は六つというように、どうか毎年石を積み重ね、数を重ねて下されよ。必ず崩れないように。ちょっとやはっとで崩されないように、世話求めおいて下されよ。そうすれば、おかげで死げれば、必ず守るから。問わるるだて、年だか様よ。〈必ず守ってけらいや〉②

この採録例からは、遺族たちが子どものオホトケに向かって「あんまり、あんだ、おとなしかったもんな。最初から」などと、呼びかけている様子がわかる。どうやら、この子どものオホトケには兄がいて、突然行方不明になってしまったようなことが、遺族との掛け合いの中から読み取れる。

ホトケの方も、兄弟やイトコや母親に対し、連続して語りかけていることから、これは「口寄せ」の初めに行なわれる「七口（ななくち）下ろし」と呼ばれる巫儀に相当するものと思われる。

「口寄せ」の一番初めには、ミチビキと呼ばれる先祖のホトケの口寄せが行なわれるが、新口のホトケが男性ならば女性の先祖、女性ならば男性の先祖が呼び出されて、「口寄せ」が行なわれる。この場合の「先祖」とは、新口のホトケより先に亡くなったものであれば、誰でもかまわず、むしろホトケに近い死者が呼ばれることが多い。「七口下ろし」とは、ミチビキの後に行なわれる口寄せで、身内などの七人の者へ向かって語ることを指すが、ホトケが相手に呼びかけながら、結局は、そのオホトケの一生を語り続けることを意味しているという（本書第三部第二章参照）。

この採録資料の口寄せの中でも、ホトケは次々に語りかける相手を換えて展開しているが、間接的に祖母や父親へもメッセージを与えたり、他の親族に、その伝言を頼んだりしている。

つまり、「口寄せ」の言語とは、「託宣」の独白（モノローグ）とは相違して、「呼びかけ」の言語であり、ホトケと依頼者（遺族）の、双方からの、しかも会話にならない声の呼びかけを通して、共に口寄せの場をつくり上げていることに、その特徴がある。また、「託宣」のように、「一（神）と多（依頼者）」のコミュニケーションではなく、「呼びかけ」を通した「一（ホトケ）対一（依頼者）」のコミュニケーションを基本としていることも特徴的である。しかも、そのコミュニケーションは、会話や対話にはならないもので、ホトケのモノローグと依頼者のモノローグとが、かろうじて触れ合っているようなもので、ディアローグとして確立されているものではないことも、大きな特徴である。

サエギリボトケ

一方で、このホトケの方も、巫女の声を借りながら、依頼者が交替して呼びかけるように、様々なホトケが「口寄せ」の最中に登場する。

先に「七口下ろし」の前に行なわれるミチビキのことを述べたが、「七口下ろし」を終え、近親者だけでなく、親戚の者もホトケに向きあう口寄せが終わると、最後にトメクチと呼ばれる口寄せが行なわれる。トメクチは男性でも女性でもかまわないが、新口のホトケに一番身近な者で長命だったオホトケを下ろす。

ところが、このトメクチを呼ぼうとするときになって、突然と、思いもよらなかったホトケが巫女に憑いて語り出すことがある。これは、新口の口寄せのときに出現することもあり、このホトケのことを、本来のオホトケの口寄せをさえぎるために「サエギリボトケ」、あるいは、そのようなホトケを供養する者がいないために「主(ぬし)なしホトケ」とも呼ばれている。

たとえば、新口のホトケが突然と状況の違ったことを語り始めたときに、問い口などが気づいて、それを「サエギリボトケ」と判断することがある。また、トメクチを迎えようとするときに、巫女の方から「出たがっているオホトケがいる」と語って、すぐにサエギリボトケの口寄せを始める場合もある。

このサエギリボトケには、ワカバと呼ばれる霊で、産湯を使わないうちに亡くなった子、つまり「水子」の霊や、新口のホトケの家から出た者で、海や遠隔地へ行って亡くなり、供養がされなかったということで出る霊もある。最近では、「盆口」や「彼岸口」などの「古口（ふるくち）」で、最後に「無縁様」を下ろすことがある。ただし、この「無縁様」という考え方は、最近のことと思われ、以前はこの場所にサエギリボトケが出る可能性があったわけで、今では、このサエギリボトケが出ないうちに、口寄せの依頼者が「無縁様」と称して出してしまうように変わってきたのである。それは、この地方の、各家の墓地の片隅に、あえて「無縁様」を祀るようになった時代と重なっている。

このようなサエギリボトケが出るということが、口寄せの技法上、可能であった理由は、先にも述べたように、口寄せの〈声〉というものが、特に声色というものを使わないということに起因するものと思われる。

これは、とくに「古口」と呼ばれる、古いオホトケたちを何人も下ろす場合に、有効な技法となる。「古口」とは、四九日を過ぎたオホトケのことを指す。盆や春秋の彼岸に、依頼者が聴きたい目当てのオホトケだけの口寄せをする場合もあるが、通常は、他のオホトケに恨みを持たせないように、依頼者の方が気を配って、目当てのオホトケに関わる者で、すでに亡くなったホトケを次々に下ろす場合が多い。

いずれにせよ、口寄せの〈声〉の主体は、いつでも替えられる可能性があり、常に声の主体が曖昧化、あるいは多重化していると捉えることができる。

つまり、依頼者が口寄せの〈声〉を求める理由は、それぞれのホトケがもつ固有の声の懐かしさに触れたいためではなく、あくまでもホトケから特定の個人へと発せられたメッセージを〈声〉を通して得るためであった。それは先の口寄せの事例で、ホトケが亡くなった後の「あの世」でも「毎日浮世のような道を積み重ねなければならないことだから」と語っているように、「あの世」での暮らしも遺族に聞いてもらいたいがために違いない。

写真1　五十嵐れい子巫女の口寄せは扇で口を隠し、弓をたたいてホトケを降ろす（宮城県登米市中田町、1998.3.14）

口寄せの儀礼空間

最後に、口寄せの〈声〉の問題を、口寄せの儀礼空間という、目に見えるかたちの中から探っておきたいと思う。

まず、ホトケの口寄せが始まると、センス（扇）で

写真2　桃と柳を結んだ布きれに、水を含んだ綿で濡らすことで、ホトケの口寄せを楽にさせる（宮城県気仙沼市小々汐、1997.2.17）

口を隠すという行為について考えてみる。ほとんどの巫女が、このような行為をしているわけではないが、たとえば、宮城県中田町の五十嵐れい子巫女（大正一二年生まれ）は、「新口」でも「古口」でも扇を用いて口寄せを行なっている（写真1）。

　五十嵐巫女は、カミツキと呼ばれる成巫儀礼のときに、自分の父親や男性のシンルイの持つ扇の上に神が乗り、そのことによって自分の神口が可能になり、儀礼が成功したことを語っている。つまり、口を扇で隠すという仕種も、単に他界の言葉を語っているということを周囲に示しているだけでなく、扇の上にホトケが乗るということとも関わるものかもしれない。

　宮城県の気仙沼地方における「新口」の口寄せの例では、桃と柳の枝を死者のミタテ（納棺のときに使った布キレで巻きつけ、水の入った茶碗の中にそれを立てかけておく。口寄せの最中には、その布キレに、問い口がときおり、茶碗の水に濡らした綿で、湿らせたりする。それは、オホトケが喉を渇かさずに、よく語れるように行なうのだといわれ、問い口などは「いっぱい語らいん（語りなさい）」などと言いながら濡らしている（写真2）。

この場合、巫女は祭壇に向かって語っており、後ろに控える遺族たちからは、巫女の口の動きは見えない位置になる。むしろ、桃と柳の枝がオホトケの〈口〉として象徴されているわけで、たえず注意をしているのは、巫女の口の動きではなく、この木枝に付けた布キレが乾かないようにすることである。

つまり、巫女たちは、扇で口を隠したり、あるいは口寄せの依頼者を桃と柳に注意を向けさせることで、語っている〈声〉と、目に見える〈口〉とを分離させる。口寄せの依頼者たちを、巫女と同じ闇の世界へと引き込むように、口寄せに耳だけで参加するように仕向けるわけである。口寄せの依頼者は、基本的に目を閉じていても参加できるということが注意される。「口寄せ」は、ホトケ（巫女）の声と遺族の声との、対話にならない呼びかけの中で儀礼が成立できるからである。

注

（1）川村邦光『巫女の民俗学』（青弓社、一九九一）

（2）赤羽敬夫監督「旭巫女縁起」（遊行舎制作、一九九六）より「口寄せ」の部分を川島採録

第二章　一生を語るということ
――東北の口寄せ巫女の語り

はじめに

本章で採り上げる東北地方の巫女は、ホトケ（死者）を自身に憑依させて彼女の口を通して語らせることができる、盲目の口寄せ巫女のことである。青森県から岩手県北部の旧盛岡藩の地域ではイタコと呼ばれ、岩手県南部から宮城県にかけての旧仙台藩の領域ではオカミサン、秋田県はイチコ、山形県はオナカマ、福島県はワカと、その呼称を通しておおまかに分けることができる。

その巫女の祭文の一つである「オシラサマの祭文」（「オシラ祭文」）は、現在、イタコが管理しており、今でもオシラサマアソバセと呼ばれる儀礼の中で語られている。また、一方で岩手県の沿岸部で呼ばれているイタコは、前述のイタコとは相違して晴眼者で、歴史的には修験神子(みこ)の系統であるが、彼女たちも「オシラ祭文」を儀礼の中で語っている。ただし、彼女たちは同じ祭文のことを「シラオの本地」と呼んでおり、他にはこの呼称がない。

旧仙台藩領の岩手県南・宮城県北のオカミサンも、かつては同様のオシラ祭文を語っていたようだが、現在では儀礼の中で用いられることもなく、ただ「オシラサマの由来譚」のようなかたちで伝承されている(1)。

本章では、祭文の内容に立ち入るのではなく、その伝承者である口寄せ巫女の「口寄せ」という、オシラサマアソバセとは別の、もう一つの儀礼に注意しながら、その口寄せが、ホトケと呼ばれる一人の死者の一生を語るということを、まず採り上げてみる。次に、その「一生の語り」と、オシラサマアソバセにおける「オシラ祭文」の内容とを比較して、それぞれの儀礼における構造上の位置を浮き上がらせてみたい。そして、限定された儀礼の時間や空間の中で、「人の一生を語る」という行為の意味を考えたいと思っている。

口寄せのナナクチ

始めに採り上げる事例は、オカミサンによる「口寄せ」であり、とくに亡くなったばかりの死

ミチビキ（古口）	ナナクチ（ホトケの一生を語る）							トメグチ（古口）
	家族①	家族②	家族③	家族④	家族⑤	家族⑥	家族⑦	
事例1	長男	長男の妻	孫	孫嫁	ヒコ孫	ヒコ孫嫁		夫
事例2		長男の妻			孫			オヤサマ

図1　オカミサンのナナクチの事例

者の「新口」を取り上げてみる。図1にあるように、口寄せはミチビキ、あるいはミチワケに始まり、家族を相手にしてナナクチを語り、その次にシンルイなどの参加者それぞれに対する口寄せを語った後で、最後にトメグチで終える。

ミチビキは、ホトケが男性ならば過去の女性の死者、女性ならば過去の男性の死者を身内の中から選んで下ろすといわれ、オカミサンが「このオホトケをどのオホトケで下ろしますか？」と遺族や口寄せの依頼者に訊ねることから口寄せが始まる。トメグチは必ずしも死者の異性に当たる「古口」を当てるわけではないが、このミチビキとトメグチという、二人の古いホトケに挟まれたかたちで、新しいホトケが語る。口寄せの日から線香は、葬儀中の一本から二本を立て始め、日常に戻るということから、「口寄せ」は新モッコ（亡くなったばかりのホトケのこと）がホトケたちの仲間に入り始め、葬礼である非日常から日常へと移行していくための第一歩の儀礼であることがわかる。

ホトケの遺族の一人に対して口寄せをすることをヒトクチというが、所用時間は短くて一〇分、長くて三〇分くらいかかる。ここで注意されるのは、ナナクチは七人を相手にしながらオホトケが自分の人生を語っていると、巫女や口寄せの依頼者が捉えていることである。七人は家族で占められ、ホトケが一人ひとりに対して「問い口や」と呼びかけながら、実は自分の一生を語るという構造になっている。

図1には、ミチビキは確認できなかったが、二件の口寄せにおけるナナクチの事例を挙げている。事例1は、一九九三年七月八日に宮城県の気仙沼市の漁村で行なわれた、九〇歳近くで亡くなった女性のオホトケの口寄せである。トメクチは先に亡くなったホトケの夫であった。ナナクチはホトケの長男夫婦・孫夫婦・ヒ孫夫婦と続くわけだが、この日は六人六クチのようであった。オカミサンが鉦を一つ鳴らすたびにヒトクチ終えるわけであるが、ナナクチの後に休憩をとり、その後、本家・二番本家…と続き、途中に休憩をはさみながら一日で五三クチを語り終えている。

次の事例2は、一九九七年二月一七日の、資料1の隣の漁村で、ホトケは前例と享年がほぼ同じくらいの男性。ナナクチには嫁から孫へと移っていったようだが、その場に語る相手がいなくても、ナナクチが行なわれたようである。一般的には亡くなったホトケの、より若いころのことを知っている身内から始まり、最近のことだけを知っている身内へと流れていくようである。先の例と同様にナナクチの後、休憩を挟みながら、本家からシンルイと続けて、二二人がほぼ二クチずつ頼んで、約四〇クチを語り、トメグチはホトケの男親であった。つまり、一人で二クチ頼むということは、口寄せの番が回った参加者は、自分に対するホトケの語りを聞くだけでなく、その場にいない者の名前を告げることで、もうヒトクチ聞くことができるわけである。基本的に、ホトケの口寄せは、一対一（ホトケ一人対依頼者一人）の、ディアローグが原則となっている。ただし、ほとんどがホトケによる一方的な語りで、こちらからは、ホトケに対して専門に相手をする「問い口」を通して返答するばかりであるが、構造上はディアローグである。

この事例2では、ナナクチの中で、嫁に対して、ホトケが「四月六日に西の方角でケガがあるから気を付けるように」と語っていたが、多くの参加者は、口寄せがホトケの供養であるとともに、自分たちの災厄を予言して注意をうながしてくれることに期待をもって参加している。事例1では、ホトケが語ったことや、主にそれぞれの相手に対して今後、注意をすべき日や内容を記す「書記」の役割をしている女性もいた。この点が、後に述べるオシラサマアソバセにも共通する点である。

ナナクラオロシとヨロツチオロシ

さて、ホトケが長寿で亡くなった場合でないと、口寄せで一生を語るに値しないのではないかとも思われるが、秋田県のイチコの口寄せの儀礼では、幼児の死や若死にの場合はなおさら、次のようなナナクラオロシと呼ばれる、同様の儀礼を行なっている。

死者への愛情の情が強い、幼死、若死、急死、不慮の災害死などのほか、丁重に葬式供養したにもかかわらず死者が安らかに成仏していると思われない予感のするとき、例えば墓前に供えた供物が早く烏か犬などに食われるときはよいが、何日たってもそのままになっているようなときなど、仏に届かぬといって忌み嫌い、また恐れて、家族は心が休まらず、口寄せによって仏の意を聞き出し供養がなぜ仏に届いていないか、仏が何を欲しているのかを聞き出して仏の欲求するようにまつろうとしたのである。このような中で仏から申し述べたいことが多いので「ナナクラオロシ」をしてもらいたいと言い出すことがある。「ナナクラオロシ」とは本仏、連れ仏を加えて死者の霊を七回反復しておろすもので一回ごとに休憩が入り、御初穂（エンチコへの贈り米）を重ね、仏前のお膳を取りかえて語る長時間なものである。(2)

前述したオカミサンの口寄せのナナクチとは相違して、この場合は、通常の口寄せが済んでから、もの足りない感じがしたときに、さらに重ねて行なわれる儀礼であり、ここでは「連れ仏」（宮城県の口寄せのミチビキやトメグチに当たるもの）を入れて七回下ろすようである。つまり、「口寄せ」の依頼者が七人なのではなく、ホトケの霊が七人の「ナナクラオロシ」であった。

秋田県中仙町（現仙北市）のイチコ、戸嶋まり子巫女（昭和一二年生まれ）によると、ナナクラオロシは、ホトケの考えで七人を選び、七回語るというから、口寄せの依頼者が七人のホトケを選ぶわけではないようである。一回語るごとに、祭壇に米一升を供えて重ねてあるお膳を一つずつ下ろしていく。最後は、コイを二匹、川に放したのち、儀礼に用いた注連縄を流してから舟を流す。舟は長さ三尺三寸、幅一尺一寸で、大工が作った。舟の上には、米を載せたお膳七重ねの上に、五色の幣束を一本乗せる。他に、ワラで作った人形を作って、それを船頭と見立てる(3)。

戸嶋まり子巫女は、宮城県の口寄せのように、ディアローグを重ねていくことでモノローグに近い「一生の語り」を成立させるということは述べてはいなかったが、この地方でヨコツチ、あるいはヨコツチオロシと呼ばれる、別種の口寄せを考えると、ここでも、やはり一生を語ることが、口寄せの要件であったように思われる。

次に、そのヨコツチオロシについて、武藤鉄城（一八九六～一九五六）による仙北郡田沢湖町神代村（現仙北市）の、ヨロツチオロシの内容を引用してみたい。

それは一家に於て、年内に死人が二人あったりすると「二度ある事は三度ある」と云うて、死人の又続くことを忌む（引用者注：ん）で二度目の死者の棺の中に、犠牲の意味で紙を貼って人の顔を描いた横槌を一つ入れてやるのであるが、試みにその横槌の霊を心に念じて、水を上げるとそれが降りて来ることがある。

横槌の身の上を語るのである。

深山の景色のよい所に、他の桜や楢、栗などの雑木仲間と一共に育った山桑の樹ではあったのだが、或日心ならずも此家の者に伐り倒され、拂はれた手足の枝は炭に焼かれてしまひ、自分ばかりは横槌の形に削られたが、毎日即台石に頭を打たれ、剰へ使用後は厩の前の鶏の藁だらけの土間へ投り出されたなどと、その横槌の精霊が身の不幸を嘆く。頗るメランコレイな感を受けるものであると云ふ。(4)

この事例によると、ヨコツチオロシとは、ある家で、一年間に二人の死者を出したときに、三人目を出さないように、農具の横槌を三人目に見立て、口寄せを行なうことを指している（写真1）。戸嶋まり子巫女によると、ヨコツチは「死んでいく人（三人目）の代わりである」という。今は横槌を手に入れることは難しいので、葬儀屋などで売っているというから、ヨコツチオロシの儀礼のときに、実際の横槌を用いたことがわかる。

写真1　正月が近づくと、よく横ツチでワラを打つ。手を休めたときに語ってくれた漁師さんの昔話は忘れられない（宮城県気仙沼市、1986.12.27）

　この横槌は、材料となる木が山に生えていたころから川を下って流され、その家で横槌として使われるまでを語っている。武藤が最後に「頗るメランコレイな感」と記したように、口寄せにおいて「一生を語る」ということは、楽しい思い出を語るというよりは、どちらかといえば、聞く相手の涙を誘うようなことを語ることに意味があったようで、それは、他の土地の「口寄せ」でも、後述する巫女の語り物にも共通する点ではなかったかと思われる。

「オシラ祭文」と託宣

「オシラ祭文」の内容は、飼っていた馬との悲恋のヒロインである長者の姫が、父母が神様に願をかけた末に生まれた申し子であったことから始まり、馬と共に亡くなって、あるいは、天上に昇ってから、蚕を父母に授けるまでの一生の物語に当たる。(5)

つまり、姫頭を彫られたオシラサマがあるように、オシラサマアソバセの日に、御神体にもなった長者の姫の一生を語るということが、前述した「口寄せ」の儀礼と重ね合わせて考えると、大事な点ではないかと思われる。とくに岩手県遠野市の修験の家から発見された「しらあの祭文」や「白神の御本地」では、オシラサマとの関わりを明らかにしている。(6)

宮城県のオカミサンと呼ばれる巫女は、オシラサマなどの神様を下ろして語ることを「神口（かみくち）」、死者の霊を下ろして語ることを「ホトケグチ」、さらにそれを新しいホトケの「新口（しんくち）」と古い故人の「古口（ふるくち）」に分けて呼んでいるが、ホトケグチを一般に「口寄せ」と捉えているようである。

その「口寄せ」とイタコのオシラサマアソバセという、それぞれの儀礼において、下ろした神霊の一生の語りを聞いたのちに、今後に気を付けるべき「日忌み」を教えてもらうという点に関して、儀礼に構造上の一致があり、その語りを聞き入る側にとっては、同様の参加の仕方ではないかと思われる（図2参照）。この「日忌み」のことを、青森県のイタコはウラナイ、岩手県の修験神子のイタコはヒイミ、宮城県のオカミサンはタクセン、あるいはゴセンダクと呼んでいる。

口寄せでは、前述したように参加者の夫や子どもなど、その場にいない者の名前を語ってヒトクチとし、彼らに対しても「日忌み」などを語ってもらうために進んで参加する者もいる。それは、オシラサマアソバセに参加する者と同じ心持ちによる加わり方と思われる。ただ、オシラサマアソバセの場合は、家族内の個人ごとの占いの前に、当年の村の一年間の様子を語ることが相違している。

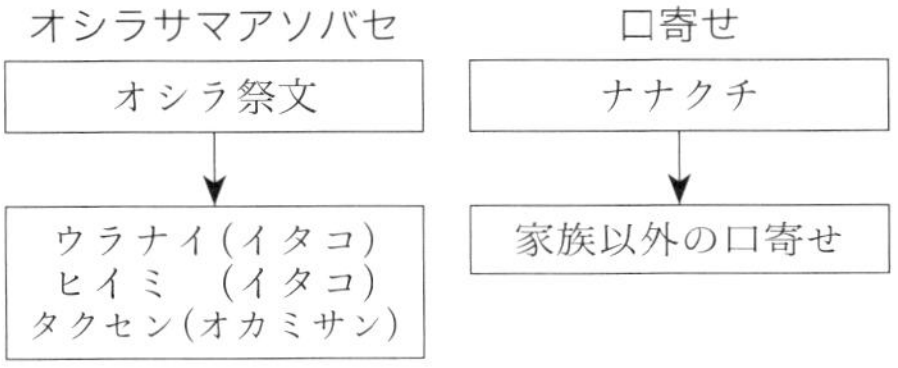

図2　口寄せとオシラサマアソバセの構造

たとえば、陸前地方のオシラサマアソバセは、基本的にオシラサマを所蔵している旧家に、そのシンルイを中心に集まってから儀礼を行なう。宮城県気仙沼市唐桑町の小野寺さつき巫女（大正一三年生まれ）の場合は、①六根清浄の祓い→②岩戸開き→③国がけ（全国の寺社の名を唱える）→④オシラサマの御真言→⑤東方立て→⑥オシラ善神の祭文（ただし馬娘婚姻譚は語らない）の後、巫女にオシラサマが憑いて一人称で語る。この場合は、一対多数（オシラサマ対村人）の向き合い方になり、当村の一年間のゴセンタク（占い）を聴く。また、陸前地方では、オシラサマを持っていない集落では、その集落にある神社の神様を巫女が下ろして、一人称で語る占いを聴くという「神サマアソバセ」と呼ばれる儀礼がある。神サマアソバセの場合は、オカミサンの持っているオシラサマを用いる。(7)

また、オシラサマアソバセを行なう日であるご縁日は、一月・三月・九月・一二月の一六日が主であるが、この日を「命日」と呼んでいるところも多い。それは「オシラ祭文」の中に、「三月一六日に蚕となりて舞い下り、白き虫ならば姫の形なり　黒き虫ならばせんだんくりげの形なり」とあるように、姫が蚕に生まれ変わった日とも捉えることもできる。あるいは、オシラサマとして祀られることになった姫の命日とも考えられる。

さらに、岩手県釜石市の箱崎で祀られているオシラサマは、前主人の命日がご縁日とされており、主人の逝去によって縁日が代々移り変わるわけである。(8)もしも、この日にオシラサマアソバセをするとしたなら、オシラサマの「神口」と前主人の「古口」とが、微妙に重なり合った語りになるものと思われる。

「人の一生を語る」ということについては、以上のように、口寄せや命日、ご縁日のような限定された時間によってその特異な意味が生まれてくると思われるが、それは口寄せやオシラサマアソバセが行なわれる場所についても、同様に考えられる要件となる。たとえば、これらの儀礼は必ず、奥座敷か、神棚や仏壇が祀られているオガミと呼ばれる部屋で行なわれる。(9)

しかし、口寄せにおけるナナクチと、オシラサマアソバセにおけるオシラ祭文とを比べると、決定的に違う点がある。ナナクチはホトケが一人称で語るに対して、祭文は「姫は…」などと三人称で語られる。また、ナナクチは「語る」だが、祭文は「よむ」と、巫女の中で使い分けがされている。

ただし、津軽のイタコがその伝承を管理している「岩木山一代記」という祭文は、イタコが村へ呼ばれて行き、世の中（その年の豊凶）などを占う前に、岩木山の神が憑いて自らの「一代記」を語るものである。

「岩木山一代記」の伝承者である、青森県五所川原市桜田の笠井キヨ巫女（大正四年生まれ）によると、この岩木山の神様は、人間に向かって、神になってもこんなに苦労しているということを語るものだという。いわば、口寄せの哀歓（武藤の「頗るメランコレイな感」）にも似た「苦しむ神」のモノガタリでもあり、彼女は「岩木山一代記」をモノガタルといい、一人称で三〇分くらい語るものであった。また、彼女は「金比羅一代記」という祭文も伝承しており、船祈禱によまれるが、この祭文の詞章も一人称である。彼女は「弘法大師の一代記」も伝承しているが、これらの「一代記」は、婆さまたちからの要望があれば、占いや祈禱の現場から離れて、なかば娯

写真2　「岩木山一代記」を録音する笠井キヨ巫女（青森県五所川原市、1988.4.5）

楽のように、これらの祭文だけを語って享受してもらうこともあったという[10]（写真2）。「口寄せ」のナナクチと「オシラ祭文」の間に、この「岩木山一代記」などの祭文（語り物）を置いてみると、さらにそれらの語りの共通基盤が明らかになっていくと思われる。

また、岩手県陸前高田市気仙町の榊原サキ巫女が伝承する「十六ぜんサマ」という名の「オシラ祭文」は、馬娘婚姻譚を説かないが、「…オコナイ（オシラサマのこと）は、今ぞ下ります、草間よりあしげの駒に手綱よりかけ」で終えているが、口寄せにも同じ詞章が使われている[11]。たとえば、宮城県志津川町の三浦京子巫女（大正一一年生まれ）による口寄せのヨリクチ（導入）の詞章には、「今ぞ寄りくる長浜の、葦毛の駒に手綱寄りかけ」とある[12]（第四部第三章参照）。このような詞章のある祭文が、「オシラ祭文」のモノガタリの成立以前に語られていたことも考えられる。

以上のことや、ナナクチとオシラ祭文の後の「日忌み」などの儀礼の共通性を考えると、オシラサマが巫女に憑いて一人称で語るということが、「オシラ祭文」として定着する以前にあったように思われる。

おそらく修験などの文字をもった者による、中国の「捜神記」などの伝奇小説の文献からの関与によって「オシラ祭文」は成立して、イタコなどの巫女の伝承に影響を与えたと思われるが、明らかにオシラサマが憑いているということが、その語りを聴く者に認知されていなければ、その後の占いに意味を見いだして積極的に関わっていくことがなかったものと思われる。つまり、「オシラ祭文」は、オシラサマを巫女自身に憑かせるための祭文だけではなく、オシラサマが巫女に憑いているということを周囲に明らかにさせる祭文でもあったわけである。

最後に、ホトケが「一生を語る」ということが、ホトケにとって供養になるということについても触れてみたい。鹿児島県枕崎市のカツオ漁に関わる民俗に、大漁祝いの一つとして「供養釣り」と呼ばれる儀礼がある。それは、大漁をした後に、改めて行なわれるものだが、湾内にカツオ船を浮かべて、ワラで作ったカツオを用い、エサイワシとして大根をけずったものを船上からまき、大漁の様子を再現する模擬儀礼である。(13) つまり、カツオの最後の様子を再現することが、カツオの供養にもなるという考え方で、これは亡くなった人が自分の一生を最後まで語るということが、そのホトケの供養にもなるということにつながっている考え方と思われる。

注

（1）川島秀一「巫女が語るオシラサマ由来譚――岩手・宮城のオカミサンの伝承」『憑霊の民俗』（三弥井書店、二〇〇三）

（2）『中仙町史　文化編』（中仙町、一九八九）

（3）一九九九年一一月一四日、秋田県中仙町の戸嶋まり子巫女より聞書

（4）武藤鉄城「秋田県仙北郡神代村――仏降ろし」『旅と伝説』第六巻第七号（三元社、一九三三）

（5）現在、「オシラサマの昔話」として捉えられがちな、馬と娘との異類婚姻譚は、この祭文の前半でよまれる神の申し子譚や、後半の蚕の成長過程を欠落したものである。『遠野物語』の中でも昔話として記されているわけではない。一方で佐々木喜善が自ら「昔話集」と呼んだ『聴耳草紙』（一九三一）には「一一五番オシラ神」があり、後注には「大同のお秀婆さんという巫女婆様が春の野にヨモギ草をつみながら語った」というから、昔話の伝承状況に近い。「オシラサマの昔話」として広く知られるようになるのは、昭和四六年（一九七一）に、遠野市民センター落成のコケラ落としに、その後「遠野の語り手」として有名になる鈴木サツが要請されて語ったのが機縁であった。

（6）『オシラ神の発見』（遠野市立博物館、二〇〇〇）

（7）川島秀一「神おろしのオシラサマ――宮城県気仙沼地方の神様アソバセ――」『ザシキワラシの見えるとき――東北の神霊と語り』（三弥井書店、一九九九）。なお、イタコの場合は自分のオシラサマを持っていない。

（8）東北歴史資料館編『三陸沿岸の漁村と漁業習俗（上巻）』（東北歴史資料館、一九八四）

（9）このオガミという場所について、宮城県気仙沼市で次のような経験をしたことがある。私は

盆中のある日、ある家のオガミから一段下のダイドコロと呼ばれる部屋で、その家の爺さまから先代の父親の事績について話をうかがっていた。話の興に乗ってきたその爺さまは、やおら立ち上がって、「もったいないから、この話をズンツァマ（先代の親のこと）に聞かせっぺ」と言って、私を盆棚のかざられているオガミに連れていった。盆棚がかざられているあいだは、昔のオホトケがオガミに来ていて、しかも、こちらから語りかければ、すぐにも通じるような考え方に直面して、盆におけるオガミの持つ機能を垣間見たような気がした。

（10）一九八八年四月五日、青森県五所川原市桜田の笠井キヨ巫女から、石井正己氏と共に聞き書きと祭文の採録調査を行なった。なお、文化庁文化財保護部編『民俗資料選集15巫女の習俗Ⅱ』（財団法人国土地理協会、一九八六）に、「岩木山一代記」と「金比羅一代記」の詞章が記されている。詞章と内容の検討については、福田晃「イタコ祭文「岩木山一代記」の生成」福田晃・荒木博之編『巫覡・盲僧の伝承世界』第一集（三弥井書店、一九九九）に詳細に論じられている。

（11）大船渡市史編集委員会編『大船渡市史』第四巻（大船渡市、一九七九）

（12）志津川町誌編さん室編『生活の歓　志津川町誌Ⅱ』（志津川町、一九八九）

（13）川島秀一『カツオ漁』（法政大学出版局、二〇〇五）

第三章　タイシ像のオシラサマ

はじめに――M家のオシラポトケ

昭和五九年（一九八四）一〇月一〇日の、よく晴れ渡った日であった。宮城県気仙沼市でオシラサマを調査中に、今でも忘れられない出来事がおこった。

それまでの私のオシラサマ調査と同様に、近所から「あの家ではオシラサマを祀っている」という情報を得たので、その家を訪れ、いつものように「オシラサマを見せてくれませんか？」と尋ねてみた。すると、玄関先に出てきていた、主婦とおぼしき女性は、突然と私へ向かって怒り始め、「どこから、そんなことを聞いてきた。赤の他人へ、しかも男へ見せることなどできない。さっさと帰れ」と断わられてしまった。

そのときは、ささやかな衝撃のようなものを感じただけであったが、後で調査自体の反省も含めて、いったい彼女の怒りの意味は何だったのだろうかと考えてみた。マーガレット・ミードの『フィールドからの手紙』の中の、次のような一文に励まされたためである。「われわれの気がつかなかったのは、フィールドにつくまでの細かな手続きだけでなく、そこへ行くのを妨害しようとする人びと、協力してくれる人びととの交渉すらもがフィールド経験全体の、つまりフィールド・ワークの一部であるということである」(1)。すなわち、フィールド調査を断わられることから、すでにフィールド調査が始まっているのである。なぜ断わられたかという問いの方が、大事な問題を引き出してくれる場合もあるからである。

私が出会った、オシラサマ調査を「妨害しようとする人」は、オシラサマは「赤の他人」と「男」には見せられないことを、はっきりと述べていた。それは、逆に捉えれば、オシラサマはその家のシンルイの、しかも女性たちのみが、見ることができ、彼女らが祀っていることを意味していた。

昭和四六年（一九七一）から翌年にかけ、この気仙沼地方のオシラサマを単独で調査した三崎一夫は、その調査報告である『図説陸前のオシラサマ』（一九七二）の「あとがき」の中で、次のように記している。

この二、三年オシラサマアソバセをしないことを、大変気掛かりにしていた、唐桑町大沢

写真1　気仙沼市のM家のオシラサマ
（1985.2.11）

部落の老刀自があった。オシラサマの信仰も、ようやく衰微の道をたどりはじめている。もっと早ければ拝ませていただけなかったかも知れないし、遅ければ失なわれている場合もあろう。私が二百体におよぶオシラサマを拝することができたのは、ちょうどこの時期に出合せたために外ならない(2)。

つまり、三崎は、オシラサマ信仰の衰微期であったために、御神体を拝ませてもらったことを述べている。しかし、三崎一夫の調査から一〇年以上経た時点でも、未だオシラサマを他人に拝ませることを拒否していた家があったわけである。それは、逆にオシラサマの信仰が生きていることを立証しているわけで、調査を断わられたこと自体が、実は価値のあることであったはずである。

この、初めに調査を拒否した当家である、気仙沼市旧町内のM家のオシラサマについては、やがて一九八五年の再度の調査で次のようなことがわかった。

M家のオシラサマは、約三〇センチほどの一対の包頭型で、全体が引き綿（真綿）に包まれ、表面に赤いキレを一枚被せている（写真1）。祭日は旧暦の三月一六日と九月一六日で、今では三月に主に祀っている。オシラサマは通常は木箱に納められ、神棚に向かって右側に置かれているが、この日に箱からオシラサマを出し、マンジュウを供える。マンジュウとは中に餡を入れた餅のことであるが、この餅の上に小豆を少し乗せている。これをサンジュウと呼ばれる容器に、中央に四個、四隅に三個ずつ並べて、合計一六個を上げる。さらに、小豆団子を入れて粥にしたものも供えた。

この祭日には、M家から分かれた、四軒ほどのシンルイのおばあさんたちが寄り集まる。彼女たちは、それぞれ引き綿とマンジュウを持ち寄り、引き綿はオシラサマにかけ、帰りにはオシラサマに上げたマンジュウをいただいてくる。また、M家から生まれて嫁に出た、近所に住む女性たちも集まる。初めに調査を断わったこの主婦の第一の理由は、私のことを「他から来た者」と表現していたように、嫁としての立場からの、このM家の血縁者に対する気兼ねでもあった。つまり、「嫁だから他人にオシラサマを見せた」と語られることを何よりも怖れたわけである。このことからも、M家のオシラサマが、それを祀る家から出た身内の女性を中心に祀られていることが確認できる。

M家のオシラサマは、オカミサン（巫女）に持っていって、その託宣を聞くという、いわゆるオシラサマアソバセを行なってはいない。ただし、正月にオカミサンのところへ行き、御先祖様を寄せて、その年の吉凶禍福を予言していただくことはしていた。このM家でも、オシラサマを所蔵する他の家と同様に、「四足二足」（イノシシやキジ）を食べることは禁じられていた。しかし、最近では、オシラサマやオホトケ（死者）を拝む直前だけ食べることは禁じられ、拝み終えてからは、かまわなくなったという。オシラサマとオホトケを同様に処遇しているわけであるが、この家のオシラサマは、オシラポトケと呼ばれる別称があり、オシラポトケは、きかない（気の強い）神様だから、伝えられているとおりに祀らないと祟ることもあるという。(3) オシラサマを他人や男性に見せまいとした主婦の私に対する立腹は、オシラポトケが彼女に乗り移って語ったものと考えてもよいのかもしれない。

注意されるのは、このオシラポトケという呼称である。昭和四〇年代の三崎一夫の調査でも「密集地帯の本吉郡一帯では「オッシャサマ」と一般に呼ばれ、「オッシャポトケ（ボトケ）」、「オッシャガミサマ」とも呼ばれる。この地方で「シラ」は「シシャ」と発音されているので、「オッシャ」は「オシラ」の訛音である(4)」とある。宮城県の気仙沼市を含む旧本吉郡では、オシラサマとオシラポトケは併用されていたわけである。

このオシラポトケの「ホトケ」という言葉に込められている意味とは何だろうか。本章では、この問いを深めていくために、オシラサマの形態として一般的な、包頭型や貫頭型ではなく、太子像のオシラサマについて、宮城県北部の事例をとりあげていきたいと思っている。

太子像のオシラサマ

三崎一夫の『図説陸前のオシラサマ』では、調査をした六七件のオシラサマのうち、包頭型が四八件、貫頭型が一五件、その他が四件で、包頭型と貫頭型の比率は七対三の割合であった。[5]「その他」の中に、太子像や観音像が含まれているわけだが、その後のオシラサマ調査においても、太子像や観音像のオシラサマは目につくことが多かった。

たとえば、『図説陸前のオシラサマ』の時点で把握したオシラサマの数は七四件であるが、現在は宮城県内で一〇九件に及んでいる。気仙沼市内でも二七件の段階から、前述した旧気仙沼町内のM家の事例を含めた一七件が新たに把握でき、四四件に達している。

四四件のオシラサマのうち、三件が太子像で、二件が観音像である。とりあえずは、この三件の太子像のオシラサマから事例報告を試みておく。

三崎一夫の調査から漏れていた旧鹿折村の北部の中山間地帯からは、二件の太子像のオシラサマが発見されている。上西側の村上家と蔵底の高橋家で、屋号はそれぞれ〈鍬台口〉と〈刈米大家〉と呼ばれている。

〈鍬台口〉のオシラサマは、大きさ五六センチの一体で、村上家の敷地の北西寄りに、屋敷神のように祀られている（写真2）。もともとは〈鍬台口〉ではなく、〈女川〉という本家が祀っ

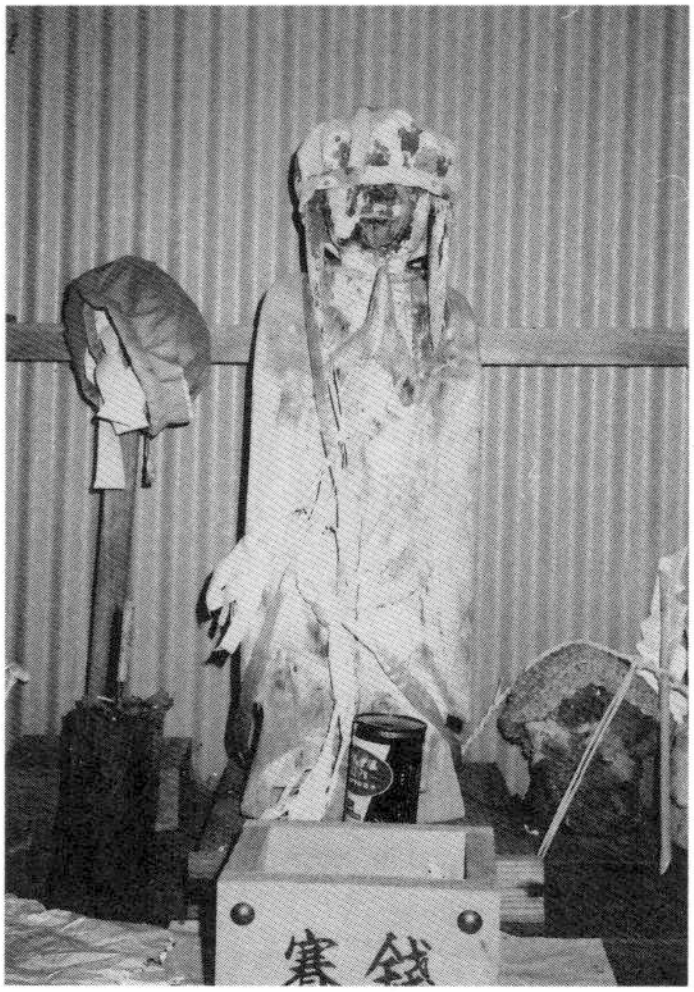

写真2　〈鍬台口〉のオシラサマ
（気仙沼市上西測、1984.5.27）

ていたものであったという。ところが、〈女川〉の家が他の土地へ移転したために、イチシンルイ（第一別家）の〈鍬台口〉が祀ることになった。〈鍬台口〉のオシラサマは外部から誰でも参詣が可能である。前述した旧気仙沼町内のM家が、ひたすら他人に見られることを避けている例と比べると、好対照の事例である。

このオシラサマには〈女川〉で祀っている時代の霊験譚が伝えられている。近くの川が大水で氾濫し、対岸に渡れなくなった主人がオシラサマにお願いすると、体が飛ぶように浮かんで、対岸に着地して、無事に渡ることができたという。また、このオシラサマは戦後、「農地解放を止めてくれ」と語ったというから、これはオカミサンによるオシラサマアソバセのときの託宣ではないかと思われる。(6) 家の利害を代表して語ることが、オシラサマアソバセには見受けられるからである。

現在の祭日は正月一七日、新しく赤い帽子を頭にかぶせる。八月一七日は、〈鍬台口〉だけで祀るが、正月一七日には〈女川〉のシンルイ一二軒の女性たちが集まる。以前は、その赤い帽子を持ってオカミサンのところへ行き、オシラサマアソバセを行なって、オシラサマの託宣を得たが、現在は鹿折の八幡神社へ行き、神様アソバセをしてもらっている。つまり、お祓いはあるが、託宣のない行事へと変化している。いずれにせよ、〈女川〉のシンルイの女性たちが、当の本家を失ってもなお、オシラサマの祭日を中心に寄り集まっている事実を確認できる。それは、包頭型や貫頭型、太子像でも共通しており、形態上の相違を超えて、オシラサマという名のもとに見られる信仰の特徴となっている。

次に、旧鹿折村のもう一件の太子像型オシラサマ、〈刈米大家〉のオシラサマについて報告したい。

〈刈米大家〉のオシラサマは、約八〇センチと約七五センチの二体、高橋家では背の高い方を〈男〉、低い方を〈女〉と見なし、男女一対と捉えている（写真3）。太子像には両手が見えず、「長袖を着ている」と言われている。常に神棚に向かって左側の、仏壇の上の神棚に祀られている。毎日、線香を上げるだけで特別な縁日はないために、ここから出すことはないという。この家でも、年中、炉端で卵を食べることは禁じられていた。

この家のオシラサマにも霊験譚が伝えられている。昔、麦などの穀物を庭先で干すときに、このオシラサマをそばに立てておくと、鳥が寄ることがなかったという。また、この〈刈米大家〉の前を馬に乗ったまま人が通ると、その者は落馬したといい、それはオシラサマの呪力であった

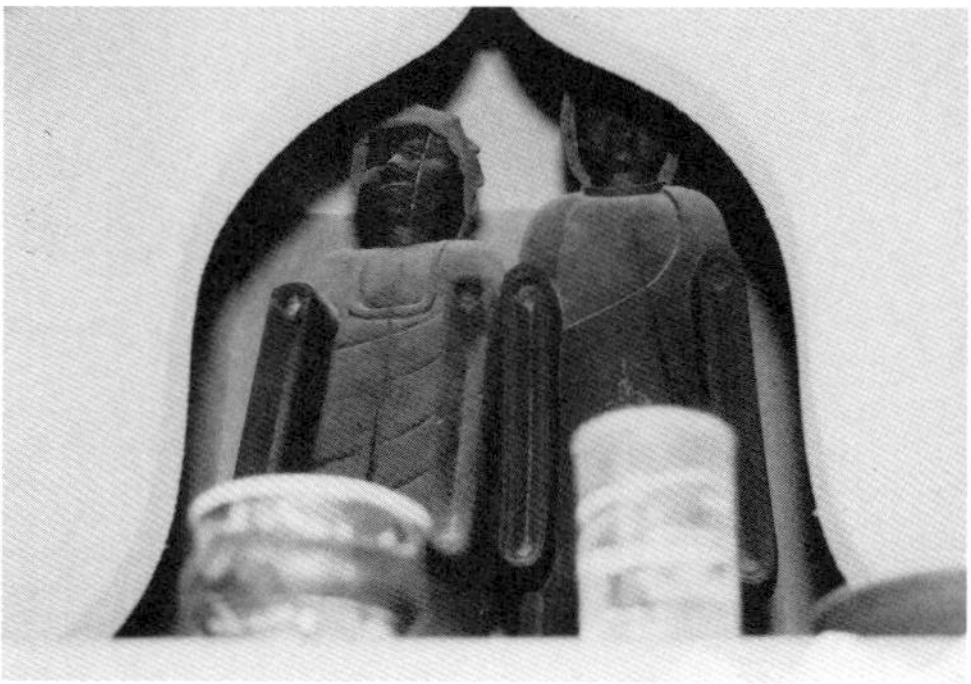

写真3　〈刈米大家〉のオシラサマ（気仙沼市蔵底、1995.7.17）

と伝えられている。このようなオシラサマを、何の理由かわからないが、一度、鹿折村の浄念寺へ寄贈したことがあったという。しかし、七〇年ほど前に、〈刈米大家〉の娘が病気になり、オガミヤに診てもらったとき、オシラサマが家に帰りたいために娘に障（さわ）ったことを語られ、再び、家で祀ることになったという。[7] この家のオシラサマも、家の娘やオガミヤなどの巫者が関わっていたことが知られる。

　次に、気仙沼市内のもう一つの、太子像のオシラサマについても触れておきたい。

旧新月村台の吉田家、屋号〈東城〉で祀っている、三二センチの一体のオシラサマである。もともとは、台の上手の集落、塚沢の尾形家（屋号〈前塚沢〉）で祀っていたが、尾形家で「こんなものはいらねえ。上へ流れてみろ」と言って、川へ投げたら上流へ向かって流れたという。そのために、吉田家でもらってきたそうである。

　吉田家では「かつては家の中に祀られていたが、祖父の代に母屋より少々登った山の中腹にある屋敷神の傍に祠を造り、その中に祀った」[8]という（写真4）。縁日は六月二五日と一〇月二五日

写真４　〈東城〉のオシラサマ（気仙沼市台、1999.10.25）

で、引き綿を上げる。他に、ご飯を丸く盛ったオボキとダシを入れないオニシメ、米などを供える。「オシラサマはオホトケさんだから生の魚は上げない」という。この家でも昔は、四足二足（ウサギやニワトリ）は食べてはいけなかった。大原（岩手県一関市大東町）で拝んでもらい、食べられるようにしてもらったという。(9)

最後に参考までに、旧気仙沼市と隣接する唐桑町の太子型オシラサマの事例を挙げておく。

唐桑町中井の吉田家は〈大上〉という屋号の家であるが、六四センチの太子像（写真5）が、母屋の東側に接して建てられている「お精進屋」に祀られている。「六月と十月の二十二日の縁日には、三軒の分家の老婆たちが拝みに来て、この建物でお精進をする。像の頭には布が何枚か重ねてあり、毎年重ねるのであるという。この像は、昔、僧侶がいなかったとき、葬式の先導をしたと伝えている。当家でも四足二足を食べない」(10)という。現在では、旧暦の六月と一〇月の一九日と三月一六日が御縁日となっている。包頭型や貫頭型のオシラサマと同様に、太子型であっても、毎年、頭に布を重ねていることが特徴であ

写真5　〈大上〉のオシラサマ（気仙沼市唐桑町中、2003.2.22）

る。この「お精進屋」には、一昔前までは、シマイガタと呼ばれる葬式の道具などが入っていて、遠くから借りにきていたものだという。(11)

　唐桑町では他に、上小鯖にも「オシラサマ」と呼ばれる太子像を祀る家がある。〈クボ〉という屋号の鈴木家で、母屋の西側に建てられた「ホトケ屋」と呼ばれる建物に、四七センチの像が祀られ、赤い布が被せられている。三崎一夫の調査時点では、この像の他に、一八センチの一対のオシラサマらしきものが安置されていたというが、今は祀られていない。現在でも、旧暦六月と一〇月の一九日と三月一六日には、赤いキレをオカミサンのところへ持っていって拝んでもらい、オシラサマアソバセの後、その赤いキレをオシラサマへ毎年被せている。この日だけは「四足二足」を食べなかった。

　この鈴木家の近くに実家があった、気仙沼市二ノ浜の畠山はじめ嫗（明治三一年生まれ）は、オシラポトケと呼んでおり、「ホトケ屋」には、タツガシラ・ミアライ鉢・数珠・柄杓などの葬式用具が入っており、村人で必要のある者が借りにきていたという。(12)現在でも、お葬式に用いた柄杓などが数多く収められている。

気仙沼地方のタイシ信仰

気仙沼市の旧新月村には、「聖徳太子」ともオシラポトケとも呼ばれている御神体を祀っている家がある。小芦の熊谷家で、五二センチの木像に対して、毎月の一六日に餅を一カサネ持って参拝するという。このオシラポトケも「家マブリ（守り）」をしたという言い伝えがある。

気仙沼市内ではオシラサマを祀っている家のほかに、オダイシサマと呼ばれる御神体を祀る家が、他に八軒ほどある。祭日は六月と一〇月の二回とするところが多く、また、昔は葬列の先頭に立たせたなどという伝承があることから、どちらかというと、岩手県に典型的に見られる「まいりの仏」や「十月ホトケ」に繋がる信仰が、この太子像に加わっている。

しかし、その御神体の形態は、これまで述べてきた太子像のオシラサマと等しいものであり、その伝承も似通っているところが多い。

たとえば、「四足二足」の禁忌があるとともに、子どもが好きで、子どもと遊びたがる神様として伝えられていることも等しい。また、雨が降ったときに、洗濯物を取り込んだらしく、縁側に泥足の跡が付いていたなどという霊験譚も、オシラサマのそれと近似する。ある家ではタイシサマが、オライサマ雨（夕立）のときに、庭先に干していた豆を取り込んでくれたという。また、ある家では、田植えの仕付けどきに手伝いにきたアンコがオダイシ様だったという。タイシ様の手を抜いて借りていくと頼母子などの籤に当るなどという言い伝えも、オシラサマと共通する。

写真6　〈川窪〉のタイシサマ（気仙沼市東八幡前、1985.8.23）

一例として、旧鹿折村東八幡前の村上家（屋号〈川窪〉）で祀っているタイシサマの例を挙げてみる。タイシサマは四六センチの長袖を着た木像の太子像で、母屋の近くの「太子堂」に祀られている（写真6）。旧暦の七月二三日が縁日で、昔は「太子講」と称し、灯籠を上げて、男だけで「お神酒（みき）上げ」をした。遠方からの参拝者も多かったという。今では、団子や花を上げ、浄念寺の住職が経を上げに来る。昔、浄念寺が廃寺になったときに、ミチビキという葬列の先頭に立つ住職の代わりに、タイシを抱いて先頭に立ったという。

「子どもが好きな神様」と伝えられ、昔、子どもたちがタイシをお堂から運び出して、川に流したりして遊んでいたとき、大人が怒って、タイシを元に戻そうとしても重くて川から上がらなかったという話が伝えられている。実際に、「太子堂」が子どもたちの朝の「本読み」の場所に使われたこともあった。また、太子堂の前を馬に乗って通ると必ず落馬をしたので、必ず馬から降りて通ったという霊験譚もあり、これは前述した〈刈米大家〉のオシラサマの伝承と共通している。村上家でも、三代前までは「四足二足」を食べることができず、天保の飢饉のときに、タイシにお願いをしてからイノシシを食べた先祖の一人が突然に死んだということも伝えられている(13)。

以上のように、太子像のオシラサマは、たぶんに、このタイシサマの信仰と混交してしまったように思われるのだが、単に「宗教的複合」として捉えただけでは、研究を深めることはできないだろう。ここで、旧鹿折村の近世文書を通して、再度、太子像のオシラサマを所蔵している〈女川〉（鍬台口）と〈刈米大家〉、そしてオダイシサマを所蔵する〈川窪〉の、それぞれの近世の村における位置を明らかにしておきたい。

近世文書の中の「佛持」

気仙沼市東中才（旧鹿折村）の村上家（屋号〈森ヶ口〉）には、次のような長い標題の近世文書の写本が遺されている。「本吉北方鹿折村御百姓御竿申請実者人頭七拾九人高代共先祖之俣ノ大図附渡貞享年中沾之百姓一ヶ年ニ在之此通之覚書森ヶ口ニ而在之筈ニ候覚帳」という、欠年の古文書であるが、昭和七年（一九三二）に田中屋敷より写したものである。鹿折村に住む七九軒の、貞享年中（一六八四〜八六）までの、それぞれの系譜の備忘録という性格の文書であるが、解読していくうちに「佛持」という意味不明な語彙が見られた。しかも、それは特定の家の記述にのみ表れている。この古文書の表記では、「女川屋敷」・「かる米屋敷」・「川窪」・「関屋敷」の四軒である。最後の「関屋敷」を除くと、いずれもオシラサマとかオダイシサマと呼ばれる太子像を祀る家である。煩瑣にわたるが、ここで、それらの家の記述を、句読点を付けて引用しておきたい。

女川屋敷

一　女川屋敷次左衛門、元来行やノ名子佛持也。田河地形ノ内安堵金相出請取、寛文五年、新百姓ニ相出候。嫡子作七次男市十郎、田河屋敷形部子六蔵女房平海六助娘、次男四郎左衛門女房野手ノ木又右衛門妹、寛文年中、新百姓三男久五郎女房門ノ与左衛門娘

かる米屋敷

一　かる米寶仙坊次男与作
寛文五年、新百姓已後ハ惣左衛門成ル。嫡子与吉女房ばくろう正蔵女房成ル、高壱〆四百六文　新百姓かる米

弥次衛門
寛永十九年御検地之砌、行地ノ長覚院地形ノ内ヶ新百姓ニ出ル。元来水呑なり。嫡子太郎作、後には弥衛門女房白山ノ孫兵衛娘
孫衛門
嫡子太郎作、次男久作、天和弐年相禿後、弟清吉、弟正三郎、清吉相果、子卯ノ清吉と云ふ。
窪屋敷彿持六左衛門実子なし。大嶋　養男源五郎家督

川窪
川窪ノ伊豆、子伊右衛門相禿、此代百姓梶ヶ浦与右衛門名子。彿持将堅寛永十九年御検地之砌、取り移、百姓ニ出ル。①
一　川窪彿持藤兵衛、寛永十九年、御検地已後将堅と地形出入放、将堅地形分地、万治年中新百姓ニ相出申候。嫡子与一郎、後ニハ藤兵衛次男与伝治□かい死。三男与惣衛門②

関屋敷
祢宜関屋敷

鶴ヶ浦先ノ瀧本坊弟出羽、元来万行沢入おとニ仕、下鹿折祢宜ニ相立関屋ニ取移、嫡子
寳珠院女子神子阿さいと云。苅米ノかすさ女房ニ成ル。
　次男蓮花坊、無子死
　三男東海坊、上鹿折東屋敷へ聟ニ参ル。
　四男寳任坊、姉聟上総ノ所へ引連レ苅米ニ住
寳珠院
　子　三明院
一　右三明院
嫡子清右衛門女房山伏行地ノ大形院娘へ。清右衛門元来佛持御座候哉。大体八対□と
佛なり。佛持役目仕、又、山伏に出合之時は梅本坊と云。かすみハ弟三明院所持仕候。
次男吉重坊、後三明院と云。下鹿折分かすみ祢宜役目務居處ニ水代致不相出かすみと
り上、延寳年中、三明院名子ニ住、七拾九、正月死。男女三人なり。
　高壱貫八拾参文　祢宜関屋　清右衛門
寛永十九年、御検地嫡子三七、後清右衛門と成ル。伯父三明院かすみ請取梅本坊ニ成ル。
元禄五年、寳珠院ニ成ル。
　次男市、無子死

（注：「彿持」に傍線を引き、解読不明の文字は□を当てた。なお、「川窪」の①と②は、別の箇所に記入してある。）

非常に難解な文書ではあるが、各家の書き出しは、おおよそ「主人（嫡子）＋女房（女房出身の屋号名＋その主人名＋娘）」という順番で並列されている。ここに引用した四軒の家（「女川屋敷」・「かる米屋敷」・「川窪」・「祢宜関屋敷」）には、「彿持」という語彙が使われているという共通性以外にも、次のようなことが指摘できる。

一つは、女川屋敷が「元来行や丿名子彿持也」と記され、かる米屋敷が「行地丿長覚院地形丿内ヶ新百姓ニ出ル」とあるように、「行や（屋）」も「行地」も修験の家であった。とくに「行屋」の村上家は、今でもこの屋号で呼ばれ、一体の烏帽子型のオシラサマも所蔵している。また、「川窪」の「彿持将堅寛永十九年御検地之砌、取り移、百姓ニ出ル」という記述の中の「将堅」という名前も修験らしい名である。いずれも、修験の名子であったり（「女川屋敷」）、修験の土地に「新百姓」として自立したり（「かる米屋敷」）、修験自身が「百姓」となったりした家（「川窪」）であったことが理解される。つまり、「彿持」という語彙は修験の家と絡んだ言葉であったものと思われる。

最後の「祢宜関屋敷」という家は、この呼称からすでに修験の家であることがわかる。とくに「嫡子寶珠院女子神子阿さい」の「阿さい」は神子の名として典型的なアサヒを名のっている。この「阿さい」は、「苅米ノかすさ女房ニ成ル」わけであるから、「祢宜関屋敷」と「かる米屋敷」とは婚姻関係も成立していることが理解される。

安永九年（一七八〇）の「本吉郡北方鹿折村風土記御用書出」によると、この当時、鹿折村には羽黒派修験が六院、本山派修験が一院の計七ヶ院の修験が生活していた。羽黒派は「歸命院・常覺院・寶珠院・常法院・大行坊・北野坊」で、本山派は「良善院」のみであった。この七ヶ院の小名は、それぞれ「東・行地・鬮屋・朴木澤・行屋・鶴ヶ浦」で、本山派の一院も「鶴ヶ浦」にあった。このうち「彿持」の家と関係する修験が、行屋（女川屋敷）・行地（かる米屋敷）・鬮屋（祢宜関屋敷）である。

以上のことから、「彿持」の「彿」とは、現在の、それぞれの家の「オシラポトケ」あるいは「タイシサマ」と呼ばれている太子像である可能性は高い。葬列のミチビキをしたという川窪のタイシサマの伝承からも、「彿持」の「彿」とはこの太子像のことと思われる。唐桑町で、太子像のオシラサマを祀っている場所も「お精進屋」（中）と「ホトケ屋」（上小鯖）であり、かつては葬式用具を貸していた。

これらの「彿持」の家は修験とも大きな関わりがあった家であった。なぜ、その「彿」が後年、オシラサマとかオシラポトケと呼ばれるようになったかは判然としないが、オシラサマ信仰が一時期、修験と大きな関わりがあった事実は明らかである。

竹内利美は、気仙沼市の小々汐の、総本家尾形家のオシラサマを扱い、正月一六日の午前中に小々汐の戸主たちが「仏（先祖）拝み」と称して本家へ集まったのち、午後には主婦たちがオシラサマを拝みに来るという行事の「あざやかな対応」について述べている。[14] さらに「老女の中にはオシラポトケと呼ぶものもあり、また線香・ローソクを立てて拝している」[15]とも記した。この場合の男たちが拝する「ホトケ＝先祖」と、女たちが拝する「オシラポトケ」の「ホトケ」とは同じものだったのだろうか。あるいは「彿持」の「ホトケ」と近いものと捉えられていたものだろうか。現在になっては、聞いても、はっきりとした答えは返ってこない。

おわりに――「家の神」とは何か

三崎一夫は『図説陸前のオシラサマ』の「むすび」の中で、オシラサマをどのような神として祀っているかという言い伝えを集めた後に、次のようにまとめている。

いずれにしろこの神に願われることは、家に襲いくる不幸を除くことであり、託宣は家の幸福を積極的に願うものであるから、この神は家の守護神として祀られたものと考えられる。[16]

オシラサマは「家の守護神」、つまり「家の神」という捉えかたは、竹内利美の「おしらさまの祭り（1）」や楠正弘の『下北の宗教』[17]を経て、三崎一夫の調査によって、より確実に定められることになった。しかし、この「家の神」という、一種の学術語彙に近い用語は、「オシラサマ＝家の神」として一人歩きを始めている。

今後は、改めてその「家の神」という用語の内実に迫る必要があるかとも思われる。それには、「家の神」の「家」を空間的に捉えるだけでなく、時間的に捉えていくことも必要であろう。従来、近世文書における「オシラサマ」という表記は、菅江真澄の記録や『遠野古事記』[18]などを除くと、たいへん少ないものとされてきた。しかし、本章で扱った「彿持」のように、現在とは異なった呼称でもって表記されていた場合もあることも、おさえておく必要があるだろう。

注

（1）マーガレット・ミード『フィールドからの手紙』（岩波書店、一九八四）六頁
（2）三崎一夫『図説陸前のオシラサマ』（萬葉堂書店、一九七二）一〇四頁
（3）一九八五年二月一一日、M家の主婦より聞書
（4）注2と同じ。二二頁
（5）注2と同じ。二四頁
（6）一九八四年八月八日、気仙沼市東中才の村上義忠さん（明治三六年生まれ）より聞書
（7）一九九五年七月一七日、気仙沼市蔵底の高橋よしさん（明治四一年生まれ）より聞書
（8）注2と同じ。八四頁

（9）一九九九年一〇月二五日、気仙沼市台の吉田えいのさん（大正一四年生まれ）より聞書
（10）注2と同じ。七八頁
（11）二〇〇三年二月二三日、唐桑町中の吉田一雄さん（昭和一〇年生まれ）より聞書
（12）一九八五年二月一一日聞書
（13）一九八五年七月二〇日、気仙沼市東八幡前の村上昇さん（昭和二年生まれ）より聞書。なお、同年八月二三日（旧暦七月二三日）に「太子講」も拝見した。
（14）竹内利美「おしらさまの祭り（1）」『社会と伝承』三巻一号（一九五九）五頁
（15）注14と同じ。三頁
（16）注2と同じ。七八頁
（17）楠正弘『下北の宗教』（未来社、一九六八）
（18）宇夫方広隆『遠野古事記』（宝暦一三［一七六三］、活字本は『南部叢書』第四冊［一九二七］）

第四部　在地伝承を越えて

第一章　「小便観音」の伝承誌

はじめに

昭和四七年（一九七二）のことである。宮城県気仙沼市東中才の曹洞宗の寺院、拈華山興福寺で、前立聖観音に入っていた胎内仏を初めて取り出してみた。明和四年（一七六七）三月に記された木札に「御懐御長四寸五分之土佛聖観音入置」と書かれてあったからである。

まず、心臓の後ろに当たる部分に、繭紬に包まれた小さな厨子が入っていた。興福寺の須田智修住職（大正一一年生まれ）によると、繭紬の中には厨子を包んだ古文書があり、その厨子の中には四寸五分の胎内仏が入っていたという。文書の標題は「梅山和尚記」とあり、中に「脛切観音之本則」も記され、一種の「身代わり観音」の説話をともなった縁起が書かれてあった。

写真1　興福寺の胎内仏。首と脛に白い傷がある（宮城県気仙沼市、2005.5.24接写）

須田住職は先代の住職から、まだ見ぬ胎内仏のことを、小便をかけた土で捏ねて作った「小便観音」であると伝えられていた。ただし、自分の代になってから、「小便」というあまりに尾籠な表現にとまどいを感じたため、「雨上がりの土を捏ねて作った観音」と言い換えて、檀徒やこの観音の信者に語っていたという。

しかし、この胎内から出てきた「梅山和尚記」を読んでからは、この文書に記されていた「脛切観音」という言葉を採用して語っている。この観音は、梅山和尚の身代わりになって、首と脛とを切られたらしく、胎内から出てきた仏も、首と脛とに白い傷がある、黒い仏であった（写真1）。その仏は写真に撮り、文書は複写されて、聖観音の胎内に再び入れ直され、現在は開帳されることはない。

須田住職による、その後の調査で、興福寺と交流があった、岩手県陸前高田市の普門寺と同じ本寺である、同県石鳥谷町の大興寺、そのまた本寺である、福井県金津町（現あわら市）の龍沢寺にも、同様の「土仏観音」や「小便仏」と称する観音像と、同様の縁起が伝えられていたことがわかったという。須田住職が拝見した、大興寺の土仏観音も、首と脛とに傷があり、興福寺の「小便観音」とすっかり同じ形をしていた。

興福寺と普門寺との関係は、興福寺の先々代の寛孝和尚が普門寺で修行していることである。しかし、須田住職によると以前から、寺同士の「人法」（住職の師弟関係）の関係があったようで、「伽藍法」（本寺・末寺関係）の関係ではなかった。

興福寺の「梅山和尚記」には、小便をかけた土で作ったというモチーフは記されていないが、石鳥谷町の大興寺や福井県あわら市の龍沢寺の縁起には、そのモチーフが記されている。しかし、興福寺の須田住職は、先代から「小便観音」という名称とその由来の断片だけを伝えられていた。

以上のような、寺社縁起などの、地域社会を越えた共通の伝承をどのように捉えたらよいのか、本章では、この「小便観音」の伝承状況の報告を主としながら、この課題に対して、ささやかな一歩を遺しておきたい。

興福寺の「梅山和尚記」

始めに、この聖観音の胎内から出てきた「梅山和尚記」と「脛切観音之本則」の全文を挙げてみる。(1)

梅山和尚記

釈迦如来自嫡之相承て以来、大(第)五十七祖平田山竜澤開山和尚、諱聞本(いみなもんぽん)ト号ス。美濃州人なり。初め、幼歳にして律僧に成り、其師死ス。右これと同じくして心傷つき痛みあり、願を發し、上下商人馬十萬疋を飼う。願いが満ちて大源和尚常に頭陀行を以って衆僧を供養す。その他に出て遊び、有る時宿野村の人家に留まり、亭主留守なり。只妻子あり、師を留め、その夫亭酔狂して帰るに及び、妻を叱らんとすと云う、夫無き処、夜僧を留めるは何故やと云う。師を引き、これを截り、遅きに至る。明くるに、この夫、威愁の心有り、師の座處を見るを、胡座するが如く、形容儼然たりや。其の夫、奇特の思いを作り、師に向かいて、恠しきかな、我れ今夜、師を截り、什麼（なぜ）この如く生まるをなすや。師、これを聞いて平生所持の観音像を見るに、これなく、師、これを恠しみて行って、両断に截られ成るこれを見るに、其の夫、奇特を作す。涕涙悲泣せしめ、禮拝して請け、師願うは我を救う結畢、いわゆる落髪授衣して家を捨て、師に随って行脚し、今竜澤寺山門本尊の観音なり。其の長さ三寸計りなり。師、ある貶廣野を過ぎ、草中に髑髏のあるを見る。大悟して、大源和尚に呈するに、大源和尚、竹篦を以って髑髏を打ち、あに恁麼(にんま)（こんな様子）なり。師、礼拝し去り、その後、七年を経て、傳授相承け、畢り、以って来って、今竜澤寺を開く。梅山和尚と号し、大源の門徒、繁昌なりと云々。干時應永二十年丁酉九月七日迂化す。此の夫、奇特のみ、其の朝、其れを截り、御伴を申して終に本意を遂げ、相承しめ、其の名を曇古という。妙勇女は、是れ勇の妻なり。

脛切観音之本則

大初、傑尚如中妙勇監寺、曇古首座五命慈眼視観音、六祖頂門眼□をいう、四天下これ那箇の眼睛を破り、自ら燈籠露住を面指め、云う声、眼声、其の這うが漸再（ようやく）この眼を相對し頂門眼心の相指め、永年大禅師投機と云う。頭對肩号其の肩に對して此の眼を喚らし、頂門眼と作す。是れを昂し、正法眼なり。一切開花、梅樹を差し、是れ、瞿曇の眼睛なり。正しき傳承当たらしめ、斯く頂門眼睛を拓く。百億頭や百億日月無辺、風月唯沙門の一眼睛なり。さてこそ、乾坤を尽さず、燈外灯右大洞開山佛陀真筆　御判在るを寫す。

三社御作、土佛観音元徳二庚午暦三月十八日生まれ。南部領萬霊山大興禅寺開山、梅山和身代本尊、これを回して、予授かる。今年、此の寺に安置して、山門繁昌、檀を越え、難無く災い無く、信心第一、諸願叶い、存身竜天護法神白山妙理相付け回し、守護する者なり。

佚身躰細子は一日一夜開帳［一行破損］□有の咄に

明和三歳春三月十八日

傳灯沙門普酬　百拝　護法白山大権現

この文書中、サイドラインを引いた部分が、「小便観音」（脛切観音）の縁起であり、福井県の龍沢寺の縁起ともなっている。

注意される点は、文末の「南部領萬霊山大興禅寺開山、梅山和（尚）身代本尊、これを回して、予授かる。今年、此の寺に安置して、山門繁昌、檀を越え、難無く災い無く、信心第一、諸願叶い」と記されている部分である。ここにある「予」とは、興福寺十六代目の須田住職によると、七代目の住職、「中興普應皆潤大和尚」のことであると言い、この住職が、石鳥谷の大興寺の観音をいただいたことになっている。

しかし、大興寺には、今でも「土仏観音」の名で祀られているのである。

大興寺の「土仏観音」

岩手県石鳥谷町（現花巻市）の、奥羽山脈の山懐に抱かれたように建っている曹洞宗萬霊山大興禅寺（大興寺）は、梅山第二の道場とされている寺である。この大興寺で発行されている「土佛観音縁起」は、次のように書き出されている。

師は龍澤に住したまへるその先、京都六角通りを頭陀行乞したまひし時路辺を見たまふに三人の童子路頭に於て土を聚め小便の水を以て其土を練り固め、忽ち土像を造りたるを見れ

ば、厳然たる聖観音たり…(2)

宮城県気仙沼市の興福寺の「梅山和尚記」には記されていなかった小便のモチーフが、この縁起では「小便の水」として表現されている。天保六年（一八三五）刊行の『二郡見聞私記』に載っている「土佛の観音」にも、梅山ではなく、道元の事績としているが、「右土佛の観音は、相傳ふ昔し童子とも三人集り、土を小便にて練り、観音の像を作る、甚た器用にして凡人のなす處に非ず(3)」とある。『二郡見聞私記』には、石鳥谷町のこととして、この観音が、罪人の身代わりになった者を救済する話も記している。

「大興寺由緒記並土佛観世音縁起」によると、この後、梅山和尚は「東海道の広野」を通ったときに強盗の宿に泊まり、「梅山和尚記」と同様の身代わり観音の話が続いている。ただし、この縁起では、梅山和尚を切り殺した理由は、妻が亭主の留守に泊めたからではなく、あくまで行脚の僧の所持品を盗むためである。また、梅山和尚（観音）は首を切られたことになり、興福寺の「脛切観音」とは相違して「首継観音」と称しているそうである。しかし、両寺の土仏観音は、どちらにも首と脛に傷が付いている。

興味深い点は、この縁起でも、「此の霊像初めは越前国御簾尾龍沢寺山門の本尊なりしが、御開山梅山禅師の錫を当山に移したまふや亦念持佛として之を奉持し来りたまひしものとす(4)」とされていることである。つまり、この寺でも興福寺と同様に、祀っている観音は、全国で唯一の梅山禅師所持の念持仏としているわけである。

五〇年に一回しか御開帳はしていないが、縁起によると「御本尊土仏観世音立像御丈」は「四寸六分」で、興福寺住職の語った「四寸五分」と、ほぼ同じ丈である。「前立聖観音金剛立像御丈」の方は「一寸八分」、こちらの方は、大興寺の本山、龍沢寺の「土仏観世音」と同じ寸法であった。

龍沢寺の「開祖梅山禅師御影伝」絵解き

曹洞宗平田山龍沢寺は、福井県金津村（現あわら市）の御簾尾（みすのお）に建立されている。無檀の寺であるが、主に新潟県や東北地方を中心として二七七カ寺の末寺がある。この寺には「土仏観世音菩薩略縁起」(5)や「龍沢寺梅山本禅師伝」(6)として、興福寺や大興寺と同様の縁起を伝えている。前者では、禅師が宿泊した家の盗賊が「今日は獲物なければ幸い」と言って禅師の首を切るが、後者では、「我れ在らざるに汝何すれぞ彼を留めたるか」と言って禅師を害している。禅師を殺害した理由として、前者は大興寺の縁起に、後者は興福寺の文書に通じるモチーフである。

古くは貞享二年（一六八五）の『越前地理指南』の中にも、「曹洞宗竜沢寺」のこととして「仏土の観音アリ　往昔梅山和尚守り本尊也　或時幼童ノ翫ひに尿を以泥土をこね土仏す」と、始

まって、同様の受難と身代わり観音の話が記されている。(7)

また、この龍沢寺では、梅山和尚の命日である九月七日を「御開山忌」として、「観世音菩薩開帳大祈禱法要」が今でも行なわれている。龍沢寺のある御簾尾の村人のほかに、全国の末寺の関係者、石川県からの信者などが、前夜の晩から集合して、寺に泊まって、御開帳を待っている。

一九九一年の「御開山忌」は、次のような順序で開催された。(8)

九月六日夕六時　お笹供養大施餓鬼会

八時　お逮夜法要、説教

（曲太鼓、御詠歌奉納）

七日早暁四時　お開帳祈禱会

一〇時　大般若転読大祈禱会

二時　御開山忌法要、説教

四時　お開帳祈禱会

特徴的な行事としては、六日の深夜にわたって、「開祖梅山禅師御影伝」の絵解き（オエトキと呼ばれる）が、住職の川内秀典師によって行なわれた。この「絵解き」という、文字社会内での無文字層への伝達方法として有効な方法は、後述するように文字による伝承と口承との、ある種のせめぎあいの場でもあった。

写真２　龍沢寺の絵解き（1991.9.6）

一九八九年の御開山忌における絵解きについては、榎本千賀による「梅山聞本禅師の説話と絵解き」という標題の、ていねいな報告がある。(9) 一九九一年の絵解きは、午後一〇時から三〇分くらいかけて行なわれた（写真２）。次のような語り口で行なわれたので、その一部分を載せておきたい。「開祖梅山禅師御影伝」の、十二の分割部分のうち、二番目と四番目に当たる部分の絵解きである。前者は土仏観音を中に立てて、一八人の子どもが手をつないで囲んでいる絵（写真３）、後者は強盗の家に泊まって寝ている梅山禅師が強盗に首を一刀両断に切られ、血が噴き出している絵（写真４）である。

京都の六角堂へ参ります。京都の六

写真3　小便観音を囲む18人の子どもたちと梅山禅師（「開祖梅山和尚禅師御影伝」[部分]）

写真4　梅山禅師が殺される場面（「開祖梅山和尚禅師御影伝」[部分]）

角堂へ参りますと、一八人の子どもが、「踊れや仏、踊れや仏」、今で言う「カゴメカゴメ」でしょうか「中の中の弘法さん」、手を上げたり、足を上げたりなさってらっしゃる。真ん中に小さい仏さんがいらっしゃる。伝説では、三体作られたといいます。が、もう一体はこの寺にある観音さんと、もう一体は仙台（ママ）の石鳥谷町というところに大興寺というお寺がある。その大興寺にも、ここの観音さんと一緒の観音さんがお祀りされている。ふんで、この京都の六角堂で、梅山聞本禅師が一八人の子どもに、いただきますと、その観音さんが歌に合わせて、手を上げ、足を上げていらっしゃる。「これは、すばらしい観音さんだ。わしにくれないか」ということで、この子どもたちから、もらいうける。もらいうけますと、一八人の子どもが、輪になってお礼を言おうと思ったときには、高く天の上に昇られたというオハナシ。

さて、梅山聞本禅師は、この、いただいた観音様を笈摺に入れて、自分の念持仏――自分がお参りしたい観音さんとして遠く行脚におったんです。石川県のちょうど羽咋（はくい）というところがあります。あの羽咋を通り越して、そして今、門前町の総持寺つとこ――太源宗真和尚は総持寺の三代さんだが――、その総持寺の方へお参りしようとして、その羽咋を通り越そうとしたら、夜はまっくらになった。どうしても峠を越すことができない。一夜の宿を借りたいなぁと思っても、なかなかお家が見つからない、とするうちに一軒の家があります。

「ぜひお泊めいただきたい」と申しますと、そこのおかみさんが出てきて、「ここはお泊めするわけにいけません。ていうのは、家の主人は辻切り強盗、これを商売にしているんです」、こういうことなんです。ふんで、「いや、もう私はここを一歩もあるくことができないから、ぜひ泊めていただきたい」、こういうことでお泊めいただくわけです。その夜、ご主人が帰ってきましてね、早速そのことを、おかみさんから聞いて、そして、一刀のもとに梅山聞本禅師が殺される。そして、薦に包んで裏のヤブさ棄てられました。ところが、翌朝、奥の部屋から「ありがとうございました」と梅山聞本禅師出てきました。二人はびっくりしました。裏のヤブに棄てたはずのお坊さんが出てくるんですからね。そこで、あわてて裏のヤブへ行きますと、その血だらけの薦の中に観音さんが二つになって入ってた。ふんで、「これは、私の身代わりになって助けてもらった観音さんだ」、こう言って、この、いただいた観音さんを自分の身代わり本尊として、また笈摺に持って修行を続けられました[10]（傍線は筆者）。

絵解きの語りの中で、川内秀典師が「伝説では」（傍線）と語って始めているところは、川内師の以前に御開山忌の絵解きの語りを行なっていた、海老田由太郎氏の語っていたことを繰り返している部分である。このことは、榎本も前述した論文で指摘していることであるが、川内師の絵解きで「古老によると」とか「伝説ではこうだが」という部分は、海老田氏の語りであったようである。海老田由太郎氏は、御簾尾の村で「桶屋のおじさん」と呼ばれていた方で、彼の絵解きは、「現実離れをした、おもしろい絵解きであった」という。[11]

川内師によると、海老田氏の絵解きは二時間くらいかけて、一晩中、何度も行なわれたという。ローソクだけの灯りのもとで、竹の棒の先に白いきれを付け、それで絵を指し示しながら、聞く者を笑わせながらの絵解きであった。川内師が語っているように、この龍沢寺の「御開山忌」自体が、御簾尾の村祭りのような性格があり、絵解きの場には村の者によって、梅山禅師に対する口承の世界が絶えず注ぎ込まれていたことを知ることができる。

一九九一年の絵解きには触れられることのなかった「小便仏」のモチーフは、一九八九年の絵解きには「昔の古老のお話ですと、それぞれ皆がおしっこをして、そのおしっこで土をこねて仏さんを作った」と語られている。[12]龍沢寺でも「小便仏」と称され、この開山忌に参拝して供えられた水をいただいて飲むと、小児喘息や夜尿症に聞くと言われていることも、この子どもの小便で作った「小便仏」の縁起に因んでいる。

絵解きによって、この縁起を聞いた夜の明け方には、「小便仏」なる土仏観音の開帳となるわけである。久野俊彦が「話と物の『えとき』」の中で述べているように、「宝物の展観はたんなる美術工芸品の鑑賞ではなく、物品を媒介とした口承世界であった」[13]ことが理解される。

御簾尾村の「桶屋のおじさん」が二時間も絵解きをすることができるくらい、この龍沢寺の「小便仏」の話は、豊かな口承世界を背景にしていた。一例を挙げれば、石川県志賀町の「仏木地名の由来」は、次のような語りで始まる。

仏木のお宮さん（白山神社）の下にカマチというイミ名の箇所がある。昔、ここに子どもが三人遊んでいた。ここは瓦土がとれるところで粘土が出る。子どもがションベンこいて粘土をこね、小さい仏様三人して三体こしらえて並べたら、二対が同じでまん中にすえた仏様の背が低かったやね。…⑭

この後、例のごとく、この仏を譲られた「御坊様」が盗賊の親方の家に泊まって切られる話になる。御坊様の身代わりに切られたので「仏切（ほとけぎり）」（現在は「仏木」）という地名由来譚として語られている。

また、龍沢寺の末寺の一つである洞寿院のある滋賀県長浜市余呉町にもこの話が伝えられている。最後に、龍沢寺の絵解きの中で「三体作られた」と語られている、その一体が祀られ、同様の縁起を伝えている、もう一つの寺を紹介しておこう。梅山禅師の法嗣如中天誾（「人法」の関係）が開山した、静岡県森町の大洞院（だいとういん）である。

大洞院の身代わり観音

静岡県森町の橘谷山（きつこくさん）大洞院は、森の石松の墓所としても著名であるが、御本尊が抱いている観音は「身代わり観音」と呼ばれる。いつでも参拝できる観音で、色は黒く、大洞院の住職が語るには、丈が四寸五分と伝えられている。宮城県の興福寺と同じ寸法である。

この寺にも、次のような伝説が伝えられている。

①　栄泉寺の開山と、周知郡森町の大洞院の開山とは兄弟だつたといふ。或時大洞院の開山が諸国を巡路した時、或村に差かゝつた。すると小さい子供達が、砂や土を固めて人形らしい物をこしらへ、神様だといつて、周囲に花をあげたり土の団子を上げたりしてゐた。開山は子供達の一生懸命作つた物だからと思つて、子供達に向つて「その神様を小父さんにくれないか」といふと子供は快くそれをくれた。和尚は神として荷の中に入れて、又他国へと移て行つた。巡路してゆく坊さんの事ですから、いゝ宿に泊ることも出来ず、又宿でも泊めてもくれない。

故に野に寝たり、山に寝たり、或は人家の軒端に寝ては日々を過していつた。或日の事、人の軒端に寝て居ると、其の家の主人が来て、大へん悪罵し、刀を振つて切りかゝつた。開山は両断されたと思つたが不思議にも、体にはなんの障もなかつた。そして又旅を続けて行つた。ある所で荷物を出そうとした拍子に、あの土人形も出て来た、がそれは頭から真二つに別れて居た。それは和尚が人の軒下へ寝て両断されたと思つた時、この土人形が身代わりになつてくれたのであつた。

それから始ったものだらう。今大洞院は身代わりの神として、出征する軍人等のよく参詣するお寺である。(15)

②　身代わり観音と大洞院のお砂を撒くと盗人が入らない信仰

御開山梅山禅師が京都六角堂に参籠した時、十八人の童子が集って三十三観音と名づけて戯れていた。中の一体が少し動くのを見て貰い受けて懐中にしまった。能登国羽喰郡の山中で行き暮れてしまった。灯を見て一軒屋に至り宿を乞うた。家婦が我が家の主人は悪人であるから他にいって下さいという。師は苦しくないからとめてくれとたのんだ。それなら密かに止宿しなさいという。主人が帰宅して家婦からいきさつを聞いた。主人は早急に大刀を以って殺して外の谷へ捨てた。夜が明けて見れば梅山禅師に一点の障りがない。家主は驚いて不思議に思い事の次第を語った。師曰く覚えなしという。家主は即時死骸を捨てた場所に往って見た。そこには土造りの観音が二つに切られていた。夫婦は禅師の御霊徳にいたく感激し、共に懺悔して弟子となった。右の観音大士の霊像を大洞院に安置し、盗難厄難の消除を祈る本尊とした。

大洞院のお砂をいただいて自家の内外に撒くことによって盗難厄難の消除になるという信仰である。(16)

以上の①と②ともに、大洞院の「開山」や「梅山禅師」の事跡として語られているが、小便の水でこねた土で作ったというモチーフはない。大正九年（一九二〇）初版の前著では「身代わりの神として、出征する軍人等のよく参詣するお寺」として信仰され、戦後に編集された後著では「盗難厄難の消除を祈る」とされている。いずれにせよ、これらの伝説に基づいた信仰が根付いていたと思われる。

この例のように、梅山禅師に因む口承世界が幅広く全国的に伝承されてきたことを想定しなければ、モノとしての仏像も、それぞれの各寺で祀られて信仰されることはなかったものと思われる。

おわりに

以上、「小便観音」に関する各地の伝承状況を概略してきた。宮城県の興福寺のように、観音の胎内に縁起が入ったままで住職のみに伝えられてきた状況から、福井県の龍沢寺のように、絵解きという場を通して、絶えず口頭伝承が地域に伝えられている状況まで捉えることができた。

各地の寺の周辺の土地で、はたしてこの観音について、どのように伝えているのか、まだまだ綿密な調査が必要であるが、伝承現場については、いくつか見いだされてきたことがあるので、今後の課題として提起しておきたい。

一つは、このような縁起譚は、必ず実際のモノを祀ることに付帯して伝えられることである。たとえば、興福寺でも大興寺でも大洞院でも、梅山禅師が所持していた、ただ一つの身代わり観音を、自分たちの寺に授かったと伝えていた。今でこそ、この三つの寺の情報が本山の龍沢寺にも伝えられ、絵解きなどでは三体を作った（実際は四体になる）などと、伝承を変えているが、以前には、土仏（身代わり）観音は自分の寺で所蔵している一体であることを、どの寺でも信じていた。

次に、興福寺などはその典型であるが、本山の関知していないところで、同じ観音が祀られ、伝承も遺されていることである。おそらく、この同じ寸法の土仏観音を持って、同じ話、あるいは書かれた同じ縁起などを持ってあるいた、廻国の宗教的職能者を想定しておく必要もあるかと思われる。これは、もう少し、各地から同型の観音とその伝承とが発掘されてくると、明確になってくると思われる。

最後に、この観音を祀るという背景に、「梅山禅師」や「土仏観音」（「小便観音」）という固有名詞を越えて広く伝えられていた「身代わり観音」という口承の世界についても目配りしておく必要があると思われる。以上の三点を合わせて、今後の課題としておきたい。

注

（1）興福寺所蔵の「梅山和尚記」と「脛切観音之本則」の原本は、聖観音の胎内に戻したために、複写して同寺に所蔵されている。原文には返り点も付してあったために、それに添って、適宜、句読点を付けて解読した。なお、返り点を打っていない場合でも、読みやすくし、読み方の不明な部分は、そのまま原文どおりに漢字を並べた。

（2）山瀬文宗「土佛観音縁起」（佛教舘、一九一六）八～九頁。なお、大興寺ではその後、「大興寺由緒記並土佛観世音縁起」（大興禅寺、一九八〇）も刊行している。

（3）『二郡見聞私記』巻四『南部叢書』第九冊（南部叢書刊行会、一九二八）二一七頁

（4）注2と同じ。一四頁

（5）「土仏観世音菩薩略縁起」土屋久雄『越前龍沢寺史』（「越前龍沢寺史」刊行会、一九八二）一六～一八頁

（6）「龍沢寺梅山本禅師伝」注5と同じ。二二三～二二五頁

（7）伊藤曙覧、藤島秀隆、松本孝三『日本伝説大系』第六巻（みずうみ書房、一九八七）四三頁。なお、この巻には「金津の小便仏」として、「類話」二話と「文献」四点が編集されている。

（8）一九九一年九月六日より七日まで、龍沢寺にて「御開山忌」を調査

（9）榎本千賀「梅山聞本禅師の説話と絵解き」『絵解き研究』第八号（絵解き研究会、一九九〇）一～二三頁

（10）一九九一年九月六日採録

（11）注9と同じ。一二～一三頁

（12）注9と同じ。一六頁

（13）久野俊彦「話と物の『えとき』」『〈口承〉研究の「現在」――ことばの近代史のなかで――』

（筑波大学歴史・人類学系日本民俗学研究室、一九九一）七二頁

（14）石川県立郷土資料館編『能登志賀町の昔話・伝説集』（志賀町史編さん委員会、一九七六）五九頁

（15）森田勝編『静岡県伝説昔話集』復刻再版（長倉書店、一九七五［初版は大正九年の非売本］）九一～九二頁

（16）森町老人クラブ連合会編『森町の伝承故事』（森町老人クラブ連合会、一九七五）三六～三七頁

付記　気仙沼市の興福寺の須田住職からは、その後、次のような話を聞かされた。

「興福寺の観音様は、お産の神様でもあるので、寺の近くに住む女性がお参りにきた。あいにく大嵐の日だったので、お参りから帰るとき、川に架けられていた板橋が流されてしまっていた。しかし、観音様が現れて、川を渡ることができ、着物は濡れていなかった」（二〇〇五年五月二四日聞書、本書一三六頁のオシラサマの霊験譚と同型）。住職はその女性から話を聞いているが、「身代わり観音」と同様の伝承が興福寺の近辺にも伝わっていたと思われる。

第二章　「皆鶴姫伝説」をめぐる断章

「皆鶴姫」の異本整理

異本整理の作業から

昭和六三年（一九八八）の秋、『ふるさとの伝説①愛・悲恋』(1)に、宮城県気仙沼地方の「皆鶴姫伝説」を執筆するとき、そのテキストのあまりの多様さに、まとめることに途方に暮れてしまったことがある。古くは天明六年（一七八六）の菅江真澄の旅行記から、新しくは昭和五七年（一九八二）の『三陸の昔ばなし――気仙沼編』(2)まで、約一〇点近くのテキストの中に身を埋めながら、さまざまな異同を整理せざるを得なかった（図1・表1）。

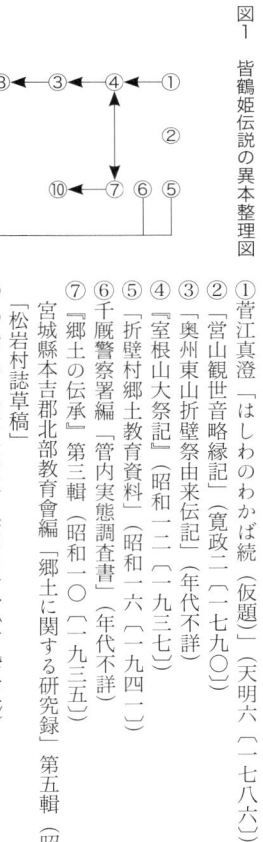

たとえば、皆鶴姫が気仙沼へ漂泊する理由についてである。菅江真澄の「はしわのわかば

図１　皆鶴姫伝説の異本整理図

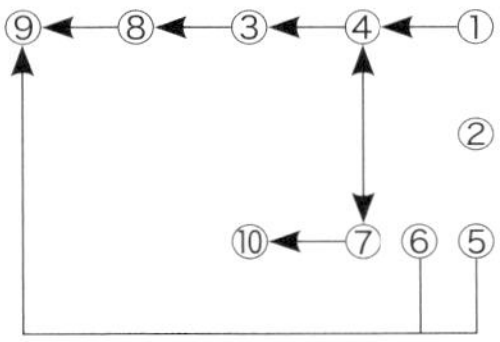

①菅江真澄「はしわのわかば続（仮題）」（天明六〔一七八六〕）
②「當山観世音略縁起」（寛政二〔一七九〇〕）
③「奥州東山折壁祭由来伝記」（年代不詳）
④『室根山大祭記』（昭和一二〔一九三七〕）
⑤「折壁村郷土教育資料」（昭和一六〔一九四一〕）
⑥千厩警察署編「管内実態調査書」（年代不詳）
⑦『郷土の伝承』第三輯（昭和一〇〔一九三五〕）
宮城縣本吉郡北部教育會編「郷土に関する研究録」第五輯（昭和一一〔一九三六〕）
「松岩村誌草稿」
⑧「観音寺々報」第四号（昭和三八〔一九六三〕）
「御本尊聖観世音三十三年御開扉慶讃大法要」（昭和五九〔一九八四〕）
『松岩百話集』（昭和四八〔一九七三〕）
『気仙沼町誌』（昭和二八〔一九五三〕）
⑨小山秋夫『けせんぬま口碑伝説散歩』（昭和五〇〔一九七五〕）
⑩『絵本皆鶴姫』（昭和五二〔一九七七〕）

表１　皆鶴姫伝説の異本整理表

テクスト番号	1	2	3	4	5
事項／標題名	「はしわのわかば続」天明六（一七八六）	「當山観世音略縁起」寛政二（一七九〇）	「奥州東山折壁祭由来伝記」	『室根山大祭記』昭和一二（一九三七）	「折壁村郷土教育資料」昭和一六（一九四一）
皆鶴姫漂泊の理由	「義経に心通はしふを父ねたく思ひて」	「その御跡おしたい當國に下り玉ひし」	「六韜三略の虎の巻」を取り出したため	「陸韜三略ノ秘書」を盗んだため	「六韜三略の巻物」を盗み出したため
義経平泉滞在の時期		「将軍頼朝の憤おうけ當國へ下向し玉ひ磐井衣川に在せし時」	「秀衡公の館にあり給いし時」	「二度ビ奥州平泉ニ晦レ居リシ當時」	「平泉」

事項					
皆鶴姫の漂流の形態	「うつほ舟」	「遺骨」	「桑の木の器舟（うつほふね）」	「桑木ノ欝船」	「丸木船」
皆鶴姫の着岸の場所	「うら」	「一ヶ嶋」	本吉の浜（松が浜）夢―ゆりあげ浜と申す	「奥州元良松ヶ浜」（震上ゲ浜ト改稱ス）	「本吉郡唐桑村」「気仙沼の観音寺」
皆鶴姫の死に場所とその状能	うつほ舟の中	「旅路の床に病死したまひて鳥辺の煙り」	器舟の中「耳鼻をそがれ死し」	欝船の中	「上折壁村の宿屋敷付近」

テクスト番号	6	7	8	9	10
標題名／事項	「管内実態調査書」	『郷土の伝承』第三輯 昭和一〇（一九三五）	「観音寺々報」第四号 昭和二八（一九五三）	『けせんぬま口碑伝説散歩』（一九七五）	『絵本皆鶴姫』昭和五二（一九七七）
皆鶴姫漂泊の理由	「六韜三略の兵書」を渡したため	「六韜三略の巻物」を盗み出したため	「六韜・三略」を盗んだため	家祖伝来の兵法書を盗んだため	兵法書を盗んだため
義経平泉滞在の時期	「平泉に身をよせてあり」	「文治三年に至り義経は金売り吉次を頼り奥州に下りし折」	「金売吉次に連れられて、遠く奥州平泉の藤原秀衡のもと」にいた	「金売り吉次につれられて奥州平泉の藤原秀衡のもとに」いた	「平泉」
皆鶴姫の漂流の形態	「島流し」	「ウツロ舟」九十九里浜より遠島	「器舟（うつは舟）」	「器舟（うつわ舟）」	くわの木の、うつわ舟（九十九里浜から）
皆鶴姫の着岸の場所	「宮城県本吉郡唐桑村（現字只越）」	1「本吉郡の鹿折濱」 2「松岩村彌陀ケ崎」	夢―本音のゆりあげ浜（松岩母体田の海岸）	夢―本吉のゆりあげ浜（松岩母体田の海岸）	1「蜂が崎」 2「母体田の浜辺」
皆鶴姫の死に場所とその状能	「上折壁字宿屋敷」	「此の地に生存したかはわからん」	器舟の中 耳鼻をそがれ非業の死	器舟の中 耳鼻をそがれ非業の死	産後のひだちが悪く息をひきとる

（続）」には「義経に心通わしふを父ねたく思ひて」とあり(3)、寛政二年（一七九〇）の「當山観世音縁記」には、ただ「義経の寵ミ玉へる皆鶴姫その御跡おしたい當國へ下り玉ひしに」とあるだけである。

これらの近世の皆鶴姫伝説には、『義経記』の「鬼一法眼の事」や、奈良絵本の『みなつる』にあるような、義経のために父親の六韜（りくとう）という兵書を盗んだというモチーフはない（ただし、『義経記』には「皆鶴姫」という固有名詞は表れていない）。「六韜三略の虎の巻」を取り出したために流罪を受けるモチーフは、成立年代不明の「奥州東山折壁祭由来伝記」が初出で、それは現代まで続いている。

同様に、義経の平泉滞在の時期（平家との戦い以前か、頼朝に追われてからか）、皆鶴姫の漂流の形態、その着岸の場所、死んだ場所なども、テキストによって相違がある。

平家を弔う義経

義経の平泉滞在の時期において、あきらかに頼朝に追われてからの時期に設定しているのは、「當山観世音縁記」と昭和一〇年（一九三五）の『郷土の伝承』第三輯（小松文雄執筆）である。前者は「将軍頼朝の憤（いきどおり）（を）おうけ當國へ下向し玉ひ磐井衣川に在せし時」とあり、後者は「文治三年に至り義経は金売り吉次を頼り奥州に下りし折」とある。

昭和一二年（一九三七）の『室根山大祭記』（佐藤篤郎著）には「二度ビ奥州平泉ニ晦レ居リシ」とあるが、『義経記』自体に、いったん平泉に下向した義経がふたたび都に立ち戻り兵法を学ぶという構成上の混乱があり、前記のテキストが『義経記』を踏襲したとすると、これも滞在時期が不確かである。その他は、いずれも『気仙沼町誌』（一九五三）を典型として、義経の平泉滞在の時期を、頼朝の挙兵以前としている。

ここで注意されるのは、「當山観世音縁記」の中で「此姫の菩提を弔ひ尚また去る平家の一党を亡（ぼ）し玉へるその幽魂お（を）も弔ハんためこゝに一箇の梵宮お（を）造営したかの観世音お（を）安置して滅罪生善の因縁を結ひ玉ふとかや」とある点である。

つまり、義経は皆鶴姫とともに平家の霊をも弔っているのであり、これは義経の生涯が不幸へ向かって下降線をたどり始めたときに初めて必要となってくる宗教儀礼（怨霊を鎮める除祓儀礼）である。「皆鶴姫」の口寄せをしたと伝えられる「口寄せ場」という地名が、気仙沼市松崎尾崎にあることから考えると、「皆鶴姫」が怨霊と同じレベルで弔われていることに注意したい。

熊野信仰と『義経記』

次に、皆鶴姫の漂着場所をテキスト間で比較してみたい。総じて、平泉の義経が夢に見た皆鶴姫の漂着の場所を、「元良郡ゆりあげ浜」としているテキストが多いが、この「ゆりあげ」という地名は、東北地方の熊野信仰を考える上で、見逃すことができない地名である。東北地方の熊野信仰のセンターである、宮城県名取市の那智神社の御神体は、養老年間に名取の閖上浜に漂着したからである。

同じく養老年間に、唐桑（宮城県気仙沼市）の神止から上陸した熊野の御神体は、皆鶴姫伝説を管理していた、室根山（岩手県一関市）である。「奥州東山折壁祭由来伝記」を所蔵する南流神社から、気仙沼の観音寺が移転したことを考え合わせると、皆鶴姫伝説の作成には、熊野の修験者や熊野比丘尼（巫女）が関わっていたらしく思える。「室根」の地名自体が、紀州の「牟婁」郡に発しており、山頂には本宮と新宮の二つの神社が祀られてる。

折口信夫は「東北文学と民俗学の交渉」(4)の中で、次のように述べている。

> 東北の文学で一番よく訣るのは、熊野系統のもので、熊野の巫女や、盲僧・女や、聖達の運んでいったものが、多く目に付きます。往時熊野信仰の盛んであった時、口頭文学、つまり宗教文学が、この人達によって、東北へ運ばれたのです。

そして、熊野から東へ入ってきた盲僧たちが、次第に「義経記」などをまとめたと論じる。

一方、角川源義は、盲僧が「義経の語り」を語ったのは、『義経記』成立以後であって、直接には関与していないと述べた。(5)いずれにせよ、天台熊野修験との関わりについては、両者共に強調している。

改変される「うつぼ舟」

次に、皆鶴姫の漂流の形態として、「はしわのわかば（続）」では「うつぼ舟」と記されている。柳田国男の「うつぼ舟の話」によると、うつぼ舟とは刳舟（くりふね）あるいは丸木舟のことであったが、その後「われわれの親たちの空想の「うつぼ舟」には、潜水艦などのように蓋があった。こうしなければとても荒海を乗切って、はるばるやって来ることはできぬものと、思う者が次第に多くなった」(6)と記している。

福島県新地町駒ヶ嶺（みね）の蒼前様の由来として伝えられている話は、オシラサマと同じ「馬娘婚姻譚」であるが、やはり親からとがめをこうむって、「尾形船」という一種のうつぼ舟に入れられて流されてしまう。

「遠野物語拾遺」七七話の「オシラ様の由来譚」には「娘はその馬の皮をもって小舟を張り、桑の木の櫂を操って海に出てしまったが、後に悲しみ死にに死んで、ある海岸に打ち上げられた」(7)とあるのも、「うつぼ舟」という名称さえ出てこないが、同様の語り口である。この語り物が、イタコと呼ばれる巫女によって管理されてきたことを思うと、前述した「口寄せ場」と共に、「皆鶴姫伝説」の作成に、巫女が大きく関わっていたことが推定される。

『郷土の伝承』によると、皆鶴姫が「九十九里から遠島に處した」とするが、常陸の蚕影神社の縁起系統の話も、お姫様が「うつぼ舟」に乗って、この岸に流れ着き、その遺骸が化して蚕になるというすじである。

このような「うつぼ舟」が「器舟（うつわぶね）」に改変するのは、「奥州東山折壁祭由来伝記」からであり、以後、現在に至るまで、主に「器舟」と表記され、「うつぼ舟」に込められていた背景がかき消されてしまった。『気仙沼町誌』も、同年に作られた「観音寺々報」にも踏襲され、『三陸の昔ばなし』という絵本に至っては、「みなつる姫」は一寸法師のように、お椀の舟に乗って描かれている（写真1）。いずれも「奥州東山折壁祭由来伝記」からの影響である。

一九九四年に、この「奥州東山折壁祭由来伝記」の原本を拝見する機会があった、筆者の名と思われる「吉度義忠」は、現当主の曾祖父より、さらに一代前と伝えられているが、この名は

写真1　『三陸の昔ばなし』(1982)の挿絵

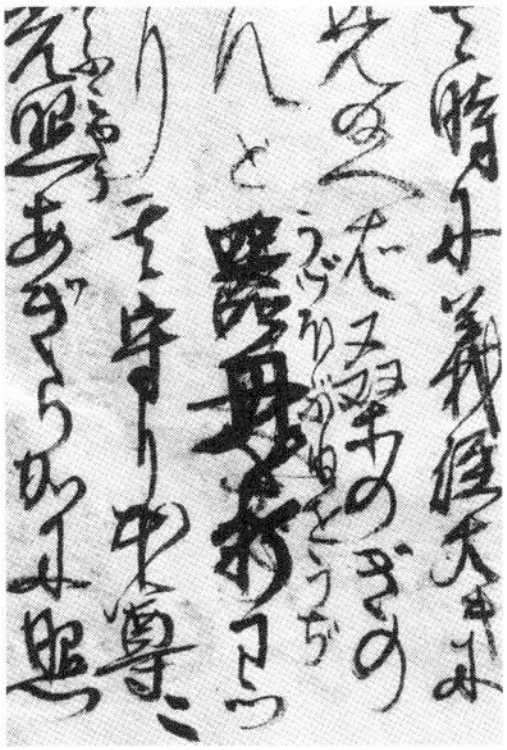

写真2　『奥州東山折壁村由来伝記』では、「うつほふね」に「器舟」の漢字が当てられて改変されている。

代々南流山観音寺の別当として世襲しているから、このテキストの成立年代は不明である。

問題の箇所には書き改めがなされており（写真2）、「器舟」の脇に「うつぼ」とルビが振られている。つまり、このテキストの作成者（あるいは世襲された読者）は、「うつぼ舟」の意味が不明であったために、「うつぼ舟」に一つの解釈を与えてしまったのである。そして、戦後の皆鶴姫伝説のテキストは、この「器舟」を主流としてしまっている。原本に当たり、書誌学的な目でテキストを扱うことの大切さを、今さらながら身をもって経験してしまった次第であった。

東北各地の「皆鶴姫伝説」

会津の皆鶴姫伝説

気仙沼地方の「皆鶴姫伝説」を相対化するために、二度目の会津盆地を訪れたのは、一九九三年の一一月二日のことだった。どうしても会津の「皆鶴姫講」を見ておきたいと思い立ち、前日の晩に夜行列車に乗り、小春日和の朝早く、会津若松駅に降り立ったのである。

「皆鶴姫講」自体は、昭和五一年（一九七六）の「皆鶴姫没後八百年祭」から始まったものであるが、一一月（旧暦一〇月）初めの亥の日に行なわれているには理由があった。

福島県河沼郡河東町藤倉（現会津若松市）の延命寺で発行した「藤倉二階堂　附皆鶴姫」による

と、「参詣すれば必ず良縁が授かると遠近はもとより、城中に於いても十月亥の日には侍女あまた歩をはこんだ」とあるから、藩政時代にも若松の城下から女性たちの参詣が絶えなかったらしい。

会津の皆鶴姫伝説では、姫の父、鬼一法眼が所蔵していた六韜の書を義経に書写させるが、訴える者があって、義経は奥州へ逃亡、姫も自ら後を追いかけた。会津若松の藤倉村に到着したときは、疲労困憊して病に伏し、同村に逗留せざるを得なかった。年が明け、春になって、難波池（なにわ）の畔に行き、鏡を出して自分の顔を見たところ、別人のようにやつれた容貌になったことに絶望して、池に身を投じた。

前述した延命寺のパンフレットには、皆鶴姫は「死して神媒となり士女有って怨曠（えんこう）我の如くんば我之を失済（しっせい）せん」と語ったとある。つまり、自身が縁が薄かったからこそ、死んだ後は自分のような境遇の女性に良縁を授けるという、近世の「生き神信仰」に近いものであった。

皆鶴姫が祟る

皆鶴姫講は、藤倉で一軒に一人ずつ女性が参加することで成り立っており、この日には一六名が集まった。講の行事の主な内容は、皆鶴姫の墓へ御詠歌を上げることと、その後の直会（なおらい）に分けられる（写真3）。

写真3　福島県の旧河東村の「皆鶴姫講」では、姫の墓前で御詠歌を上げる(1993.11.2)

写真4(右)　正徳6年(1716)建立の「皆鶴姫の墓」(1993.11.2)
写真5(左)　昭和39年(1964)建立の「皆鶴姫の墓」(1993.11.2)

「皆鶴姫の墓」と銘のある墓碑は、かつての難波池のそばに、正徳六年(一七一六)と昭和三九年(一九六四)の二基が建っている。前者は「藤倉邑人　安藤氏季隆建立」とあり(写真4)、後者は「若松市三ノ町　斉藤シマ建立」とある(写真5)。

皆鶴姫講の中で最高齢の関ナミさん(明治三九年うまれ)のお話では、斉藤シマ媼は新興宗教の「生長の家」を信心していたが、あるときから皆鶴姫が夢見に立ち続け、これは縁遠かった一人娘のために祈願せよという啓示と感じて、皆鶴姫の墓に参り始めた。その娘が良縁に恵まれると、墓を新しく建立したが、その後、皆鶴姫が夢に立つことはなかったという。

御詠歌を上げるために、公会堂から皆鶴姫の墓へ向かって畦道の上を渡っているとき、関ナミさんは、私の耳元で、もう一つの話をささやいた。皆鶴姫の墓を掘った人が具合を悪くしたので、ノリワラ（会津地方の巫女）に診てもらったところ、「口寄せ」に皆鶴姫が現れ、「娘が嫁いでも幸せにはさせない」と語ったといい、そのとおりになったという。

前述したように、気仙沼地方の「皆鶴姫の口寄せ場」という地名だけが残り、形骸化している中で、会津の皆鶴姫はまだ、この地方の女性たちの心の中に、いつでも蘇るくらいの迫力を持ち続けていた。そして、「夢見」やノリワラの言葉など、シャーマニズムを基盤とする出来事を経て、皆鶴姫を蘇らせていることは、皆鶴姫伝説が、遠く熊野比丘尼などの巫女によって担われていたものであることを暗示しているのではないだろうか。

会津の皆鶴姫が池のそばで鏡をのぞいたように、気仙沼の皆鶴姫も「化粧坂」にあった池で化粧をしている。「化粧」は人格を変えるとき、つまりは神がかりになるときには必要な行為であり、たとえば、山形県の羽黒神社の松例（しょうれい）祭では、男性も化粧をすることで神に近づいている。巫女が口寄せを通して皆鶴姫に変じたという印象が、その前の憑依に至る行為までも、「皆鶴姫」が行なったように語り伝えていったものと思われる。

写真6　白河の胞衣神社（1994.1.8）

会津盆地には、この、今は枯れてしまった難波池のほかに、皆鶴姫ゆかりの池が数多くあった。会津若松市の長原のテラゲエ（手洗い）は皆鶴姫が手を洗った場所、同市柳原の帽子沼は皆鶴姫が義経の子として育てた帽子丸を亡くしたところ、会津坂下（ばんげ）町の鏡池も皆鶴姫が髪をすいたところと伝えられている。

白河の皆鶴姫伝説

福島県にはもう一カ所、皆鶴姫を祀ったところがある。文化二年（一八〇五）の「白河風土記」巻之二には、「胞衣（えな）神社」（写真6）の説明として、「当社は昔鬼一法眼の女皆鶴姫と云し者義経を慕ひ奥州に下りし時此所にて死しけるを祭ると云」とある。

また、この白河でも、夢見による皆鶴姫の託宣があったようである。同風土記によると、「或人の妻夢ミして当社に安産を祈らハ平産ならしめんと霊告によりて諸人禱敬するに屢験（しばしば）ありと云」とある。つまり、会津の皆鶴姫が縁結びの神様であるに対して、白河では安産の神様になっているのである。

その根拠となるような古文書の一つに、弘化五年（一八四八）作成の「産神の宮」の記述があり、「皆鶴姫牛若丸の跡を追、産にのぞみ此所におわり給ふといふ説あれ共いかゞにや其実をしらず、産婦祈願すれば安産するといふ」とある。ここでも、皆鶴姫が難産で死んだがゆえに、安産の神様として祀られたのである。

庄内の皆鶴姫伝説

さらに、山形県の鶴岡市立図書館所蔵の『奥羽軍談』には、「安部貞任（さだとう）の娘」として、「皆鶴姫」の名前が出てくる。

『奥羽軍談』は、最上氏の古臣で、後に出家して羽黒山に住んだ信弁なる者の草本を基にして、享保一七年（一七三二）と天明元年（一七八一）に、余目（あまるめ）の僧侶などが加筆した軍記物語である。その中で、安部貞任は、源義家軍に対して「奇術ヲ以て六月朔日、紅の雪三尺余ふらせ」たりして善戦する。貞任にはまた、鳥海権現より伝えられた宝玉があり、討ち死にした者をその玉で三度撫でれば蘇生したという。その後の記述は、次のとおりである（写真7）。

指もの義家公も是に屈し謀を以て貞任ガ娘皆鶴姫と契ヲこめみなつる姫お（を）賺（すかし）彼玉お（を）盗とらせ其後貞任滅亡後郎党等に向宣ひけるハ皆鶴姫親に不幸の女なり女は嫉妬の深きものなれば寝たるところお（を）害すべしと仰有て終に殺害有と聞えたり

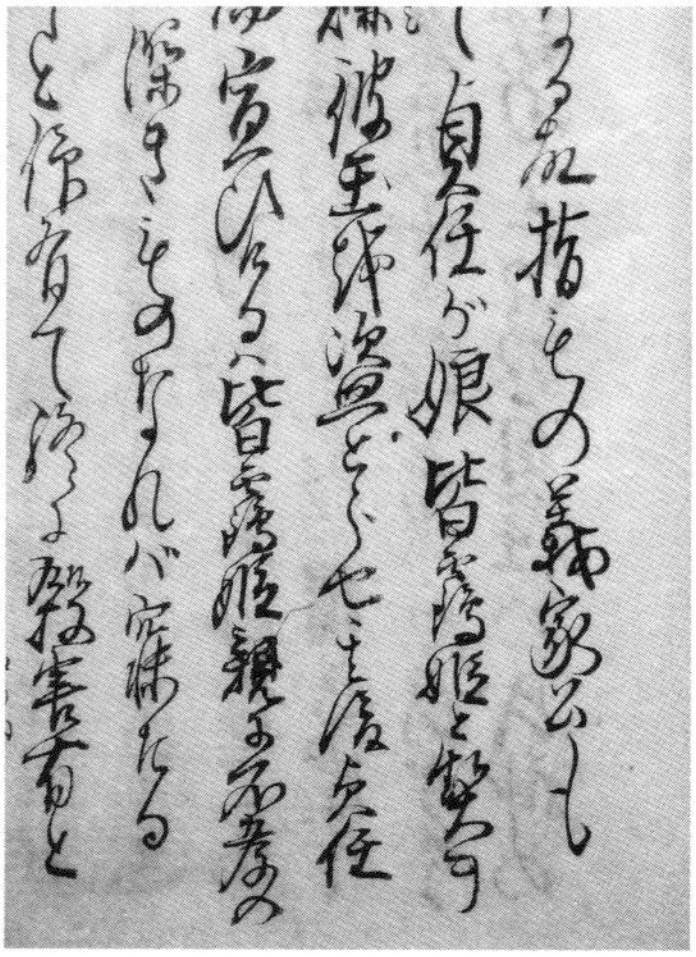

写真7　『奥羽軍談』には「貞任が娘皆鶴姫」と記されている（1993.11.29接写）

愛人（源義家）のために父親の秘宝を盗んだ「親に不幸の女」の典型として、「皆鶴姫」という固有名詞は、伝承や物語世界には、有名だったに違いない。近世に成立した『奥羽軍談』に、鬼一法眼譚や皆鶴姫伝説が影響を与えたものと思われるが、前九年の役の舞台からは後世に当たる義経をめぐる話型のほうが、逆に影響を与えている点などは、多くの歴史物語にありがちな現象である。

もはや皆鶴姫を歴史上の一人物として扱うことの無意味さは、強調する必要はないだろう。気仙沼地方の皆鶴姫も、少なくとも東北地方という広さの中で、伝承の一部として捉えていかなければならないのである。

村落空間のなかの「皆鶴姫伝説」

村落空間のなかの伝承

前田愛の『都市空間のなかの文学』（一九八二）という、スリリングな味わいのもった書物は、筋や主題などを時間的に追いがちな「文学」に対して「空間」という切り込みかたをすることで、新しい書物の「読みかた」が生まれたような気さえする。

著者の「あとがき」によると、「日本の近代文学」を自我の発展史として鳥瞰するこれまでの文学史研究」に対する異議申し立てであったという。それは「都市」のほうをテキストに、文学作品をサブテキストとして読んでいく方法であり、「実体概念としての作者を関係概念の括弧に括ること」を意味しているという(8)。

この「都市」と「文学」との関わりを、「村落」と「伝説」（口承文芸）との関係に置き換えてみることも、あながち不可能なことでないような気がする。つまり、村落という空間のなかに、とくに作者がいるわけでもない伝説を、でき得るかぎり解体させてみようとする試みである。ここでは「皆鶴姫伝説」を用いながら、方法的な実験を試みようとする科学者のように、逸る気持ちを抑えつつ、戸外の光のなかに出かけていく必要があったのである。

皆鶴姫の罪と罰

皆鶴姫が「耳鼻をそがれ死して」漂着してきたことを説くのは「奥州東山折壁祭由来伝記」からであった。『中世の罪と罰』（一九八三）によると、耳を切り、鼻をそぐ刑罰は「死刑をしにくいと考えられていた女・子供、さらには殺すことが損失につながる下人に多くみられる」こと、そして、「盗み」を含んだ、広い意味での「あざむきの罪」に対応して存在したことが述べられている。(9) 皆鶴姫が親をあざむいて盗みをはたらいた女であることを考えれば、「耳鼻をそがれ死し」という描写は、すでに中世的な世界を抱え込んでいるわけであった。

その皆鶴姫が「仏磯（ほとけいそ）」（気仙沼市松崎前浜、気仙沼湾西岸）に漂着する前に、対岸の鹿折の浜（気仙沼湾東岸）に一度着いたことを記しているのは、昭和一〇年（一九三五）の『郷土の伝承』からである。同書所収の「皆鶴姫」によると、鹿折浜の里人は「之を見て劫悪の罪人陸揚げする時は害をなすものならんと推し直ちに舟を押し返した」とある。これも単に罪人と関わりをもちたくないということではなく、中世的な「罪のケガレ」に関することだったのである。つまり、人の犯した罪そのものよりも、人の犯した罪の災気が問題であった。

皆鶴姫がことさらに火葬されたことを説き、「花草（かそう）」という地名由来譚にもなっていることも、「罪のケガレ」に対する浄化の手段を表現していたのではないだろうか。中世では、犯罪の根元である犯人の家を焼いてしまうことにより、ケガレを領内から除去したという。

皆鶴姫の「口寄せ」

さて、前述のような、盗みが災厄であるという考えかたは、日本のフォークロアにも広く見受けられる。たとえば、岩手県大迫町（現花巻市）の亀ヶ森では、村に盗難があり、「未捕縛の者があれば、盗人祭の日に人々が集まって藁人形を作り、被害の品物を負わせて人形を打ち叩いて懲戒とした」[10]という。また、山形県朝日村（現鶴岡市）の「盗人送り」は、村で盗みの犯人をわりだせないとき、村人たちが苧殻をたいまつにして手に持ち、鉦や太鼓をたたきながら「盗人送るわ」と唱えてあるき、村はずれの川に苧殻を流すという[11]。

それでは、盗みの罪を得た皆鶴姫を受け入れたという伝承の仏磯（旧松崎村）では、この災厄をどのように対処したであろうか。皆鶴姫を火葬したと語るだけで済んだものだろうか。ここで、「皆鶴姫の口寄せ場」という箇所の、村落における位置に注意をしてみたい。

「口寄せ場」という箇所は、尾崎にある旧松崎村と旧岩月村の境界に、やや近いところにあり、近辺には六部が祀ったという大日如来像が祀られている。『松岩百話集』（一九七三）によると、付近には「台じり引き」というところがあり、通行人に罪人の首を竹鋸で引き殺させたという言い伝えがあり、「太古以来敵味方無縁英霊塔」もあったという[12]（写真8）。気仙沼市岩月宝ヶ沢の佐藤あきさん（明治二八年生まれ）によると、昔、この付近にあった三猿を刻まれた庚申供養碑に、虫送りをしたともいう。つまり、この境界付近は、さまざまなケガレを村外へ放り出す地

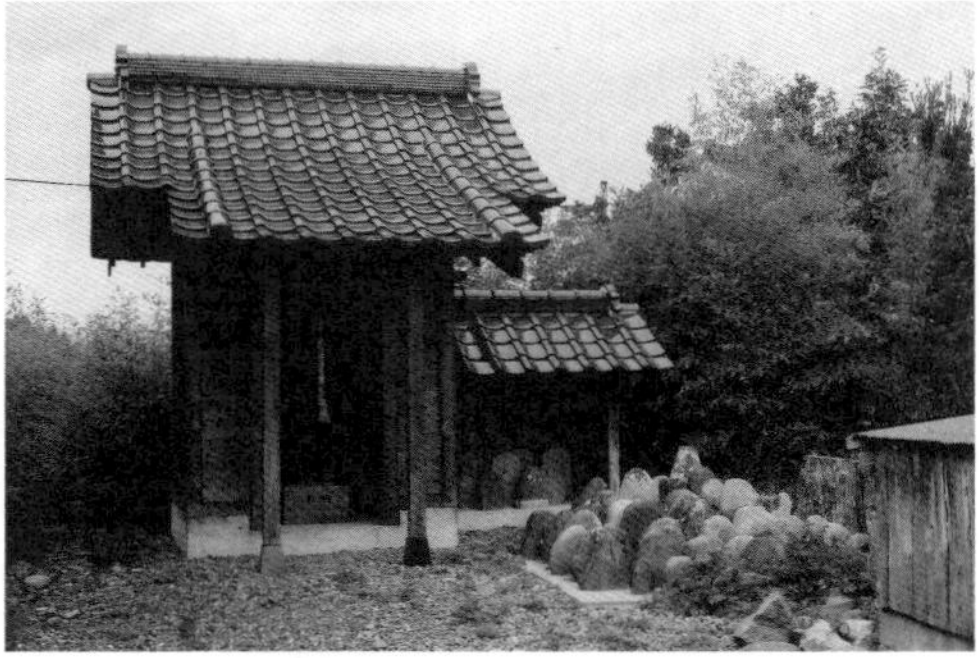

写真8　皆鶴姫の口寄せを行なったところと伝えられる「口寄せ場」（宮城県気仙沼市松崎尾崎、1993.11.23）

点でもあったわけである。

もし皆鶴姫の口寄せを、ここで行なったと仮定するならば、その機会はおそらく村内に災厄があった場合と思われる。そのようなときには、皆鶴姫の怨念や恋の執念、あるいは逆に懺悔の思いが災厄をまねいたと信じ、村境で口寄せを行なったのである。むしろ、巫女のほうが、村の災厄の原因を説明する際に、絶えず皆鶴姫伝説を利用し、皆鶴姫に懺悔の思いなどを十分に語らせることで、災厄を村外へ追い払おうとしたものと思われる。

二つの絵図

さらに、伝説を空間的に捉えるために、皆鶴姫が漂着した「佛磯濱」の近世の絵図を見てみると、そこに「今神」という社が祀られているのがわかった。その絵図は、鮎貝盛益氏所蔵の「松崎村分間絵図」であり、昭和六二年（一九八七）に、松岩郷土誌編さん資料収集委員会で公開されている。このときの撮影写真（写真9）を手がかりに、今日の仏磯を歩いてみたのだが、残念ながら社は現存していなかった。

　どうしても、この「今神」という神社が気になって仕方がなかったので、一九九三年に東北歴史博物館に立ち寄ったときに、同館所蔵の「本吉北方松崎絵図」（元の所蔵者は気仙沼市の熊谷庄八郎氏）という、もう一枚の近世絵図を拝見してみた（写真10）。すると「今神」の位置が前者とは少し異なっている。前者は二つの堰に挟まれるように社があるのに、この絵図では、堤を離れて北側の森の中に建てられているようである。おそらく、絵図の作成年代が相違しているせいでもあるが、もう一度、写真を手に持って現場を訪ねてみた。

写真9　「松崎村分間絵図」（1987.12.26）

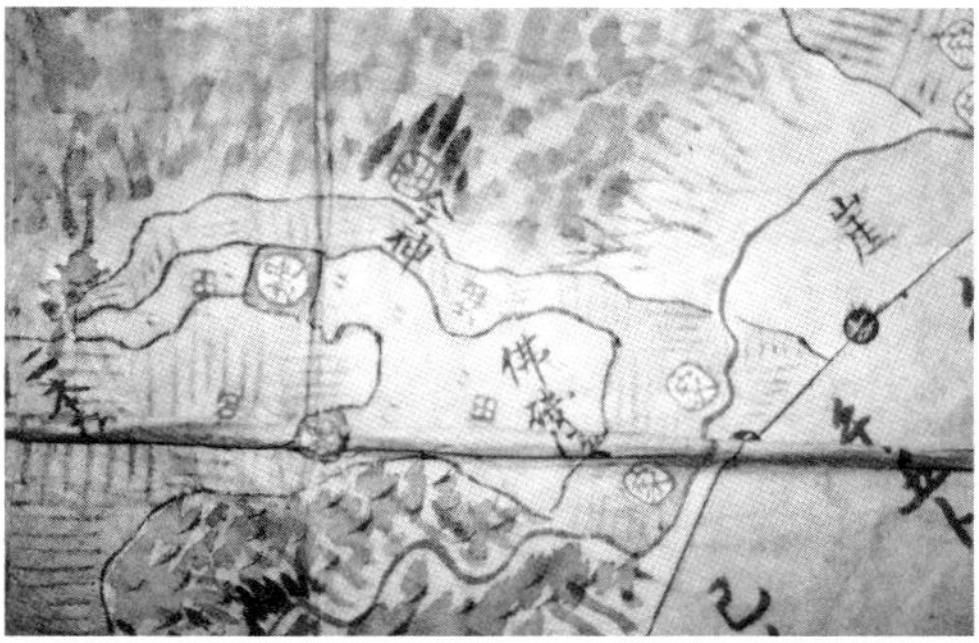
写真10　「本吉郡北方松崎村絵図」（1993.12.8）

　初冬の淡い日ざしのなか、畦道を登りながら、少しずつ見えてきたのは、小さな屋根に覆われた、

写真11　「前浜熊野大権現」の供養碑（1993.12.19）

高さ八〇センチの供養碑であった。はっきりと「前浜熊野大権現」と刻まれている（写真11）。皆鶴姫を含めた、義経の語り物が、熊野信仰の宣伝文学として語られたらしいことは、柳田国男、折口信夫、角川源義などによる研究で明らかにされてきた。

その供養碑は文政八年（一八二五）九月吉日の建立、導師は「霊光山大照院法印榮」（本山派）である。「今神」がここに移動したとなると、前者の絵図のほうが、いくらか前に作成された可能性がある。一説には、皆鶴姫は唐桑（気仙沼市）の只越（ただこし）浜に流れ着いたというが[13]、只越浜にも、ちょうど仏磯の「今神」に当たる位置に、熊野神社が祀られている。仏磯のある前浜も只越も、三陸沿岸にはよく見られる、山を背負った地形であるが、熊野那智大社から補陀落渡海が行なわれた太平洋を望んだ風景は、規模は小さいが、これらの浜の熊野神社から海を望んだ風景に近似する。皆鶴姫が漂着したという前浜や只越は、いわゆる小さな熊野であった。

福島県の新地町の子眉嶺（こびね）（駒ヶ嶺）神社の縁起は、馬と結ばれた姫君が咎めを受け、舟に入れられるが、その舟の着いたところを「今神」と呼び、三〇年ほど前までは「今神権現社」を祀っていた。ここでもウツボ舟と「今神」が結びついていた。子眉嶺神社の宮司の目黒秀明氏からは、「今神」とは、昔に対する「今」ではなく、いつも「今」であることを教えられた。ここでは、姫の漂着が「今神」とともに生きていたのである。

舞台の上の「皆鶴姫」

文字に歪められた「伝説」

近代において、純粋に口頭伝承だけの話というのが、一種の幻想にすぎないことは、少しずつ明らかになってきている。それにしても文字の手垢に染まったような話を、さらに聞き書きを通して集めることは、さまざまな困難を伴う。

たとえば、口承の「伝説」は男性の伝承者が多いが、彼らは一方で「文字をもつ伝承者」であったために、それを多くの記録に残した。しかも、伝説と史実との混乱に乗じて、その土地のみに伝わる話という思い入れが強いために、伝説そのものを、文字を通して際限もなく歪めてしまうことが多いのである。

気仙沼地方の伝説のヒロインとして著名な「皆鶴姫」伝説は、前述したように福島県の会津地方にも白河にも伝承されている。義経の愛馬の「太夫黒（たゆうぐう）」伝説ならば、岩手県の川井村から千葉県の鴨川市まで分布している（本章第四部第三章参照）。

そのような多くの文献に囲い込まれ、文字を通して揺れ動いている話を、再度、口頭伝承の資料として集めることに、どのような意義があるのか。一時は、それほど心が動くことがなかった、これらの「伝説」も、辛抱強く聞き続けていくうちに、ある日、思いがけない光をつかむことがある。

畠山はじめ媼のミナドリ姫

気仙沼市二ノ浜の畠山はじめさん（明治三一年生まれ）は、私がよく通ったおばあさんの一人であった。彼女が語った笑い話があまりにおかしくて、二人で笑い転がったことなどが思い出される。ある日私は、彼女の口から初めて、次のような「ミナドリ姫」の話をうかがった。

牛若丸、小さいどきね、常盤（ときわ）御前に連れで歩かれで、山で暮した。それから、牛若丸、大人になっても賢くてね、鬼一法印の娘、ミナドリ姫っつ姫あったの、そいづね、牛若丸にだまされて、石の門何ボか潜っていって、山の奥の院さ、巻物入れどくやつ、そいづ、ミナドリ姫、牛若丸に開がせて、さっぱり、その巻物取られでしまったんだと。

そしたらば、鬼一法印が、熊野の御殿で、とても雨降るか、大きな風吹くかしてね、荒れ場だったんだと。不思議だと思って、柏手三つ打ったれば、雲下がってきて、その雲さ乗ってきた。そうして、来てみたれば、巻物ねくてね。

そのどきミナドリ姫が昔、ウツ舟って作って、そうして、穀物だの水だのって、そうして着物だのって入れて、そして流したもんだっつがすと。そんどきね、ミナドリ姫がサンキョ（前浜）さ、そのウツ舟寄って、そんどきの舟のコッパがね、本町の観音寺にあったね。(14)

畠山はじめさんは、この話を舅の清左衛門翁から聞いている。「清左衛門」は俗名で、役場に届けた名前は「要吉」、取り子名は「万衛門」、家ではクマオと呼ばれていたが、タコ捕りの名人漁師だったという。彼女はイロリの「木の尻」に座りながら、舅からヨモ（四方）の話を聞かされたという。「ミナドリ姫」は、その一つであった。

彼女の「ミナドリ姫」は、もちろん「皆鶴姫」のことであり、「ウツ舟」とは「ウツボ舟」のことである。しかし、彼女の話の中では、大事な情報を伝えている。それは、鬼一法印（鬼一法眼）が「熊野の御殿」に居たということである。

「皆鶴姫」伝説は、気仙沼市本町の観音寺の縁起としても成立しているが、前述したように観音寺は岩手県室根村の南流神社から分かれた寺であり、「奥州東山折壁祭由来伝記」にも「皆鶴姫」が載っている。いわば、室根山の信仰の中から「皆鶴姫」伝説は発生してくるわけだが、そもそも室根の神は紀州の「牟婁（むろ）」郡から勧請してきた神で、熊野の修験が関わっていた。

畠山はじめ媼の「ミナドリ姫」に、熊野の御殿に住む鬼一法眼が登場していることは、この話の作成者や語り手を導き出すに、貴重な事項であったわけである。

下大籠神楽の「いなづる姫」

口承の「皆鶴姫」伝説は、おそらく多くの文献を潜り抜けながら、ときには文字と出会いながら、脈々と伝えられてきたにちがいない。

『義経記』には「(鬼一)法眼が女(むすめ)」としか表現されず、しかも「うつぼ舟」に流されることもなく、一六歳で病死している。彼女は、いつから「皆鶴姫」と呼ばれるようになって舟で流される生涯を得るようになったのか。中世の御伽草紙や奈良絵本、幸若舞には、すでに「みなつる」という標題の物語ができており、近世の歌舞伎の『鬼一法眼三略巻』にも「皆鶴姫」は登場するが、これらにも「うつぼ舟」の一件はない。

東北地方を歩いた座頭によって伝承された奥浄瑠璃の「義経東下り」にも「皆鶴姫」の名は出てこない。ところが、南部神楽に至って、突然とその名が現れてくるのである。

たとえば、岩手県藤沢町の「保呂羽楽友会」の神楽台本「源平合戦」には、はっきりと「皆鶴姫」が出てくる。(15) しかし、ここでも「うつぼ舟」の一件は舞台化されてはいない。

私が直接に見た神楽台本は、同じ藤沢町の下大籠(しもおおかご)神楽であった。「歌津敵討ち」を神楽化していたことを聞きつけて、大籠の高橋義男さん（昭和四年生まれ）にお会いしたときだった。高橋氏所蔵の「牛若丸」という神楽台本の中に、「いなづる姫」という名を見つけたのである。「皆鶴姫」は「いなづる姫」、「鬼一法眼」は「鬼一法院」と表記されているから、明らかに一度口承化された話が再び、神楽台本という文字に出会って採録されたわけであった。

この神楽をいまだに演じている下大籠神楽に、私はぜひ一度拝見したい旨を懇望してきた。それから一月も経たないうちに高橋さんから連絡が入り、本吉町（現気仙沼市）の御嶽神社の祭典で奉納するときに「いなづる姫の部」の前後を通して演じることを約束して下さった。私のリクエストが早速叶えられたのである。当日は夜遅くまで「牛若丸」が演じられたが、最後の口話（台詞）は、次のような鬼一法眼の独白で終えた（写真12）。

写真12　岩手県藤沢町大籠神楽の「いなづる姫」（皆鶴姫）と義経（1994.10.16）

おお、あら残念さよ。源氏の大将とは夢知らず、これまで召使たり。かの巻物奪われて見れば平家の大将、平の清盛に申し訳あらん。これより四国伊予の国熊山城に戻り、いなづる姫をばうずろが船に乗せ、

沖にこぎ出だし打ち沈め、おのれは熊山城を枕にして自害せんやの
ここに至って初めて、舞台化はされてはいないが、「うずろが船」という言葉に出会うことに
なった。おそらく、隣接する気仙沼地方で作成された皆鶴姫伝説が口承を通して、この神楽台本
に拾われたわけである。しかし、残念なことに、この「うずろが船」は沖で沈む船であり、話が
生まれた気仙沼地方には行き着かない船であった。

注

（1）遠藤庄治編『ふるさとの伝説①愛・悲恋』（ぎょうせい、一九八九）
（2）『三陸の昔ばなし——気仙沼編』（気仙沼電報電話局、一九八二）
（3）菅江真澄「はしわのわかば（続）」『菅江真澄全集』第一二巻（未来社、一九八一）
（4）折口信夫「東北文学と民俗学の交渉」『折口信夫全集』第一六巻民俗學篇２（中央公論社、一九七六）
（5）角川源義「『義経記』の成立」『角川源義全集』第一巻古典研究Ⅰ（角川書店、一九八八）
（6）柳田国男「うつぼ舟の話」『妹の力』（創元社、一九四〇）
（7）柳田国男「遠野物語拾遺」『遠野物語』（角川文庫、一九五五）
（8）前田愛『都市空間のなかの文学』（ちくま学芸文庫、一九九二）
（9）勝俣鎮夫「ミヽヲキリ、ハナヲソグ」網野善彦・石井進・笠松宏至・勝俣鎮夫『中世の罪と罰』（東京大学出版会、一九八三）

(10) 佐々木喜蔵『昔の語り草』(大迫町教育委員会、一九六五)
(11) 畠山弘『庄内昔がたり』(阿部久書店、一九六九)
(12) 松岩地区老人クラブ連合会編『松岩百話集』(松岩地区老人クラブ、一九七三)
(13) 「東磐井郡矢越村郷土教育資料」(一九四〇)
(14) 一九八七年四月二五日、気仙沼市二ノ浜の畠山はじめさん(明治三一年生まれ)より採録
(15) 村上護朗『南部神楽』(一関プリント社、一九七四)

付記　その後、「皆鶴姫伝説」の研究は、佐藤優「伝説の編纂と皆鶴講――付・会津若松市立会津図書館蔵『皆鶴姫の記』の翻刻――」(『伝承文学研究』第六一号、三弥井書店、二〇一二、四七～六三頁)によって、あらたな文献資料の翻刻などがされ、詳しく論じられている。
現在、会津若松市では、二〇〇九年から毎年八月末に、「かわひがし皆鶴姫まつり」というイベントが開催されている。そのなかでは、義経と皆鶴姫に扮した男女が「皆鶴姫墓前祭」なども行なっているが、このようなイベントが始まる前に、「皆鶴姫講」という、生きられた民俗そのものを拝見できたのは、今では幸運なことだったと思っている。

第三章　「太夫黒伝説」をめぐる断章

駆けめぐる「太夫黒伝説」

普通名詞の「太夫黒」

思えば、不思議な出会いであった。昭和六〇年（一九八五）の一月一九日、昔、馬を買ったときに行なわれる「オソーゼン祀り」に詳しい方として、宮城県気仙沼市の五駄鱈（ごんだら）の小野寺勝男さん（大正一〇年生まれ）を訪ねたときだった。馬の話から、私の母方の祖父が岩手県千厩町（現一関市）で蹄鉄工をしていることを話したら、小野寺さんは祖父、及川佐吉の弟子、柏田勘蔵のお弟子さんであった。つまり、及川佐吉の孫と孫弟子との対面となったわけである。

そのオソーゼン祀りで門口に唱えられる祭文は、それを覚えていなければ馬の売買はできないものであった。小野寺さんの口から朗々と唱えられた祭文のなかで、ふと耳にしたのが「太夫黒」という言葉であった。

…さーて、馬の毛色毛才、御承十毛は申せども、一黒二鹿毛、コウジ栗毛に虎月毛、連銭葦毛カモ河原毛などと、真っ黒黒いは太夫黒、カミ白尾白額白、さーて、ならばなったか七手綱、今日、この方にてお買い上げし馬は〇〇毛の〇〇と申す…

右の〇〇の部分が、そのとき、売買が成立した馬の毛色と年齢を入れて唱えるものであるが、ここで表現された「真っ黒黒いは太夫黒」は、固有名詞の「太夫黒」ではなかった。つまり、あの鵯越えをものともしなかった義経の名馬の名ではなかったのである。

小野寺さんによると、「太夫黒」とは、馬の特徴を示す言葉で、アオ（黒）毛のうちでもナマ毛（薄毛）が褐色のものから真っ黒なものまで指すという。「太夫黒」という言葉は、普通名詞と固有名詞のあいだに揺れていたのである。

「源平盛衰記」の太夫黒

「太夫」という馬の名が、初めて文献に登場したのが、『平家物語』でもなく『義経記』でもなく、『源平盛衰記』であったことは注意されてもよい。『源平盛衰記』は鎌倉中期から後期の成立といわれるが、『平家物語』を母胎として生まれながら、その周辺の伝承や資料を採り入れて、その相対化を試みた「読み本」である。

『源平盛衰記』に「太夫」という馬が出てくるのが、「阿巻第三十六」と「資巻第四十二」の二カ所、前者が一ノ谷の鵯越の箇所であり、後者が屋島での佐藤継信戦死の場面である。しかし、この「太夫」、鵯越の場面では、義経の乗った馬とは記しておらず、「義経が乗たる大鹿毛」と意識的な対立をする「太夫と云黒馬」として登場する。「大鹿毛」は源頼朝から頂戴した馬で、本名を「薄墨」であると記している。

ところが、屋島の場面では一転して、義経の家来で戦死した佐藤継信に弔いのために捧げた馬は「太夫」といい、藤原秀衡からいただいた黒馬で、一ノ谷を降りた馬だと記されている。『源平盛衰記』の内部でのこの不一致は、「盛衰記」が各地の伝承を「一説には…」などと並記しながら、まわりくどい叙述をしているからである。

『源平盛衰記』の「太夫」に関して確認しておくべきことは、その馬が黒馬であることと、「早走の逸物」であったことであり、その出生地については記していない。

地名伝説の「太夫黒」

「太夫黒」の別名が「小黒」という伝説は、岩手県川井村小国の小黒（こぐろ）に伝えられており、小黒長五郎氏の家の馬だったといわれる。(1)

写真1　義経の愛馬「小黒」の供養碑（岩手県遠野市小友町、1991.9.23）

写真2　切り出して硯にも用いられた馬蹄石（千葉県鴨川市太夫崎、1996.1.4）

また、遠野市小友町の小黒沢（こぐろざわ）が「小黒」の出身地であるとの一説もあり、大正元年には「五位判官源義経公愛馬　小黒號馬魂碑」が建立されている（写真1）。現在の小松福志氏の家で産まれた馬だという(2)。

地名伝説としての「太夫黒」は「小黒」という地名に結びつくだけではなく、「太夫」という地名にも結びついている。

たとえば、「越後北蒲原南浜村大字太夫浜」が「太夫黒」の出生地だといい(3)、それは現在の新潟市、阿賀野川河口の右岸一帯を指している。

千葉県鴨川市の太夫崎も、関東地方では唯一「太夫黒」の伝説の箇所である。しかも、この名馬は洞窟の中に隠れていたといい、捕まえて源頼朝に献上したとあるから(4)、前述した『源平盛衰記』阿巻第三六に付合する。さらに、この太夫崎には、伝説だけではなく、「馬蹄石」という、馬蹄の痕跡を印す石が多く見られる（写真2）。馬蹄石は、地質学の用語では「海蝕甌穴（おうけつ）」とか「甌穴（かめあな）」、あるいはポット・ホールと呼ばれる穴のことで、海水や河川の急流などの浸食作用によって、岩石面に生じた鍋状の穴のことを指している。太夫崎は海蝕棚の美しい風景で、その馬蹄石は硯の材料にもしたといわれ、太夫黒は「薄墨」という別名もある。

太夫黒は海岸だけでなく、川の渓流にも「馬蹄石」の名を留めているが、それが気仙沼の上鹿折、「源氏沢の不動滝」である。

不動滝と源氏の滝

安永九年（一七八〇）の「鹿折村風土記」によると、「源氏滝」は三段に流れ落ち、一段と二段が壱丈（約三m）、三段が三丈とあるから、むしろ現在の「不動滝」に近似している。しかし、現在の「源氏の滝」は、さらに上流の小さな滝のことと言われているが、「太夫黒」の伝説が残っているのは「不動滝」のほうである。

「風土記」によると、「台羅貝」という家の駄馬が毎日、「源氏滝」の滝壺に通い、勢いのある馬を産んだという。秀衡公へ差し上げたときは「大黒」と名付けられ、後に義経に与えられたときは「太夫黒」と名づけられたと記されている。(5)

「風土記」の記述は、主にこれだけだが、現在に語り伝えられていることは、まだまだ豊かである。たとえば、不動滝には馬桶と馬蹄の跡（馬蹄石）があること、あるいは、不動滝のそばに、先端が喰いちぎられた跡がある笹ができるのは、太夫黒がかじったためであること。また、「駒つなぎ」や「木戸脇」という名の屋号の家があり、「仁井家」家では、太夫黒の蹄の跡が付いたというお膳を所蔵されている（写真3）。

写真3　太夫黒の蹄の跡が残された御膳。三日月形の馬蹄の跡がある（宮城県気仙沼市上東側根、1996.2.11）

　気仙沼の「太夫黒伝説」の特異な点は、母馬が滝壺に通って産んだのが「太夫黒」とすることで、父親が水神に近い存在であることを匂わしている点である。水神や河童が馬を欲しがることは、石田英一郎の『河童駒引考』（一九四八）など多くの研究成果がある。(6) 古くは雨乞いのときに、黒毛の馬を水神や龍神に献じたといい、そこから「絵馬」が始まったとされている。

　上鹿折の西中才に住む村上清高さん（明治四〇年生まれ）によると、雨乞いの際には源氏の滝に行き、滝壺に汚物を入れたというが、この滝壺が龍神の棲みかであったことが、ここからも明らかであろう。「太夫黒」の出生地としては、もう一カ所、青森県の名久井岳山麓の「住谷野」があるが、「池月」という名馬も、この山の頂にあった、龍の住む池の水を飲んで駿馬になったと伝えられている。(7)

轡と鐙

気仙沼の「太夫黒伝説」には、喰いちぎられた形の笹の伝説が付いていたが、福島県相馬市の南、鹿島町（現南相馬市）の真野の池には、「太夫黒」が片葉ばかり食べたために、そのような形になったという「片葉葦」があり、ここに福島県の「太夫黒伝説」も登場する。太夫黒は池のほとりにばかりいるので、その様子を村人たちが見ていたという「駒見塚」もあった(8)。

表1　「太夫黒伝説」のテキストによる異同表

標題名＼事項	伝承地	伝説の地名	義経の愛馬名	馬の贈り主	伝説に関わる物品
『川井村郷土誌』下巻（一九六二）	岩手県川井村大字小国字小黒の家（屋号：小黒）	小黒	小黒（別名太夫黒・薄墨）	なし	「義経の書いた名馬小黒のお墨付」
『小友村勝蹟志』（一九二二）	岩手県遠野市小友村字小黒澤の家（屋号：小黒）	小黒	小黒	なし	「初メ小黒ノ斃死セシトキ墓標トシタリトイフ八尺周リノ楕円形ノ大石」
「本吉郡北方鹿折村風土記御用書出」（一七八〇）	宮城県気仙沼市の旧鹿折村の家（屋号：台羅貝）	源氏の滝	大黒（太夫黒）	秀衡公	①馬蹄石 ②馬に食いちぎられた笹の葉 ③馬蹄の跡が付いたお膳（写真3）
『奥相志』二編巻之三（一八七一）	福島県相馬郡鹿島町花輪の久七家	駒見塚	太夫黒	藤原秀衡	「片葉芳」
『安房志』第六巻（一九〇六）	千葉県鴨川市	太夫崎	太夫驪（別名　薄墨）	源頼朝	「馬蹄石」

「片葉葦」などが馬の口に関わるとすれば、「馬蹄石」は足に関する伝説である。「太夫黒」の菩提寺である、香川県の屋島の近く、牟礼町（現高松市）の洲崎寺には、太夫黒の轡と鐙が遺されているが、轡は馬の口に関わり、鐙は馬に乗る者の足に関わる馬具である。これらは不燃性の物であるために、遺される可能性が高いといえばそれまでだが、なぜ口と足とに関わるかは、「太夫黒伝説」の作成者や伝承者を見いだす上で、大事な問題の広がりを展開されてくれると思われる（表1）。

馬と憑霊

駒のいななき

馬のいななくことを「いべぇる」と呼ぶことは、気仙沼地方の多くのお年寄りから聴いた。たとえば、馬に葬列を見せると、馬がインホホーといべぇで（いないて）後を引くので見せるものではないと、言われる。この「いばゆ（嘶）」は、国語学者の橋本進吉によると、元禄時代までは文献に見える言葉で、その頃までは、馬のなき声はインインと表記され、ヒンヒンではなかった。

古くには用いられていた言葉が、現在にも生きたままに感じとれることは、民俗採集の醍醐味でもあろうが、その馬に葬列を見せるなというタブーもまた、馬が死霊に敏感であることを伝えていて貴重である。

私が生まれた、岩手県一関市千厩町（母の実家）では、お盆のときに供えたオダナモノは、盆舟ではなく、キュウリに箸を四本さして馬とみなし、それに背負わせて川に流した。馬がオホトケ（先祖の霊）を運ぶに、ふさわしい動物であったからである。牛もまた、ナスビを同様の形にして作り、オダナモノを背負わせて同時に流したが、これが夏休みの子どもたちの役割でもあった。

馬は葬送だけでなく、誕生にも大きく関わっている。気仙沼地方では、昔、難産のときには、家の馬を山へ連れていき、馬がいないたところから戻ると、赤子がすでに産まれていたことがあったという。この場合も「いべぇる」という表現がふさわしいかもしれないが、馬が死んだ人間を他界へと導き、他界から新たな生命を引き出してくる役割をしていた。

葦毛の駒に手綱寄りかけ

馬が象徴として人間と他界との仲立ちをするものとすれば、人間だけではなく神霊もまた、馬に乗って現世にやってくる。

昭和六三年（一九八八）八月、宮城県南三陸町志津川のオカミサン、三浦京子巫女（昭和一一年生まれ）から、母方の祖父の口寄せをしていただいたことがある（写真4）。オホトケを呼ぶときに唱える「寄り口」という祭文のなかには、次のような言葉があった。

忍び忍びに過ごすけれども、今ぞ寄りくる長浜の、葦毛の駒に手綱寄りかけ、鞍も轡も備えども、乗り主なければ誰誘う……

オホトケが葦毛の馬に乗って降りてくる様子が伝わってくるような詞章である。この詞章は、仏おろしだけでなく、たとえば秋田県の保呂羽神社の神楽歌にも唱えられる。あるいは、陸前高田市のオカミサンが唱えるオシラサマの祭文には、「オコナイは今ぞ下ります、草間より葦毛の駒に手綱寄りかけ」で終える。古くは謡曲の「葵上」で、六条御息所の生霊が呼ばれたときの巫女の言葉に「寄り人は今ぞ寄り来る長浜の、蘆毛の駒に手綱揺り掛け」とある。

写真4　口寄せをする三浦京子巫女（宮城県南三陸町志津川、1988.8.21）

オカミサンたちが唱える祭文のなかにも、何百年にも渡ってゆるやかに伝えられてきた詞章が流れている。そして、もし神霊が現世にやってくるとしたならば、その馬の足跡を残すと感じたとしても不思議ではない。というより、馬の足跡に類したものを探しあて、神霊を想像し、信仰したのが昔の人の生活であった。

気仙沼市上鹿折の不動滝にある馬蹄石も、始めは固有名詞のない神様が馬に乗って出でました足跡と感じたことだろう。それを「義経」とその愛馬「太夫黒」という歴史上の固有名詞をもった人物や馬に付合させ、伝説を作り上げていったのは、不動滝を道場とする修験であったものと思われる。

馬鞍による供養

「太夫」という黒駒について、初めて文献に記されたのは『源平盛衰記』であるが、「資巻第四二」には、義経の家来の佐藤継信の戦死にともない、次のように記している。

（義経が）薄墨と云馬ニ、金覆輪の鞍置きて申けるは、心静かならば懇にこそ申べけれ共斯る折節なれば力無し、此馬鞍を以て、御房庵室にて卒塔婆教書き、佐藤三郎兵衛尉継信、鎌田藤次光政と廻向して、後世を弔給へとて、舎人に引せて僧の庵室に送られけり(9)

この後に続いて「薄墨」という馬の説明があり、阿部貞任の黒駒の末であり、「早走の逸物」であったこと、奥州を出るときに藤原秀衡からいただいた馬で、義経は「太夫」と呼んでいたことなどが記されている。

注意されることは、馬に鞍を置くことをもって戦死者の供養をしていることである。『源平盛衰記』によると、義経はこの「太夫」という馬を「片時も身を放じと思給けれども、責ても継信光政が悲しさに、中有の路にも乗かしとて」引いて行ったという。「中有の路」とは、死後四九日のことであるから、継信等がこの馬に乗って成仏することを望んでいる。

「太夫黒」を産したといわれる岩手県川井村にも、義経一行が雨にぬれ馬具をはずして休憩したところだという「くら掛山」がある。同県千厩町（現一関市）の小梨にも「鞍掛石」があり、「往時源義経が此の石に鞍を置きたりしと又その東方に休石と称する石ありて義経の休み場所なりし」と伝えている。(10)

写真5　千厩町の「鞍掛石」。右方が「馬の尻」と呼ばれている（1996.2.12）

その「鞍掛石」を実際に拝見したところ、実は馬の背に似た石で、〈鞍掛〉という屋号の家の千葉隆さんは、この石のある部分を「馬の尻」と呼んでいた（写真5）。

これらの伝説も、源義経の事跡と説明される以前は、馬の形態をした石に鞍を置くことで、神や仏を降ろしたものと思われ、その宗教的な担い手が巫覡（ふげき）から修験へと変移するにしたがって、義経の行為として作成されていったように思われる。

馬の口寄せ

志なかばにして死んだ霊が祟りをなすという御霊信仰と義経伝説との関わりは角川源義や筑土鈴寛によって論じられてきたが、その馬についても悲劇的な挿話が付いている。たとえば、「太夫黒」の伝説を載せた『安房志』[11]によると、佐藤継信等の菩提を弔うために捧げられた後、「其馬三日を経て、継信の墓前に往て、舌くい切て死にけり」とある。

ところで、一昔前までは、気仙沼地方でも、馬の「口寄せ」もしたらしく、「生前しゃべらないだけに、よく語る」などと言われたものだという。太夫黒がかじったために生じたといわれる鹿島町の「片葉葦」の伝説なども、馬の〈口〉に対する畏敬の念によって支えられた伝説ではなかろうか。太夫黒が「早走の逸物」であったという特徴も、時空を超えて義経の死霊を素早く運ぶ馬としてのイメージがされやすかったと思われる。

義経などの非業の最期を遂げた者の供養は、東北地方では修験だけでなく、ボサマ（座頭）の活躍も目立っている。彼らの管理した「奥浄瑠璃」という芸能の中に、「田村三代記」や「小栗判官」の鬼鹿毛などの霊馬が登場することにも注意をしたい点である。

クロという塚

ところで、修験や座頭は、村境にある塚の上で、悪霊や死霊を呼び出し、それが村に入りこまないように、供養や祓いの儀礼を行なったとされている。

鹿島町の「太夫黒伝説」には、名馬を見に村人が集まったところとして「駒見塚」が出てくる。宮城県南の柴田町船岡には、やはり「大黒（おおくろ）」という名馬を葬ったといわれる「大黒塚」があるが、義経との関わりは説かない（写真6）。しかし、天馬空を駆けるように、江戸との往復をしたというから、(12)この馬もクロという名の霊馬であった。

写真6　宮城県柴田町の「大黒塚」。早足の大きな黒馬だったと伝えられている（1996.1.27）

このクロという地名は、中心に対する〈周縁〉をも意味しており、田のシロに対するクロ（畔）も同様である。境塚がクロ塚と呼ばれることが多いのも同じ理由からであり、有名な安達ケ原の「黒塚」（福島県二本松市）を始めとして、気仙沼には旧波路上村と旧岩尻村の境界に「黒坊塚」がある。「黒坊塚」は、「黒坊」と呼ばれる托鉢坊主が、両村の争いの場所で自殺をしてから境界になったといわれる。

いずれにせよ、このような塚で修験や座頭は死霊の祈禱を行ない、あるいは祟りをする霊を憑依させて、その「物語」を語った。義経の愛馬がクロ馬であった理由の一端である。「太夫黒」と「黒坊塚」と、旧気仙沼市の北と南の村境近くに、クロという名の付いた伝説があることは、単なる偶然という以上に、深く考えなければならないことのように思われる。

「太夫黒伝説」の変容

太夫黒の像

一九九〇年代に入ってからと思われるが、国道二八四号線の千厩町（現一関市）付近は、「太夫黒」という字や絵で目立つようになった。それは、平成五年（一九九三）に建立された「太夫黒顕彰碑」のことだけではない。千厩町の入口の看板や、駅のホームの名所案内、消防署のシャッターにも「太夫黒」の絵が描かれている。

そのほかには、太鼓が馬の皮で作られているからであろうか、太鼓の工房の名称にも「太夫黒」が用いられている。公民館ホールの馬のブロンズ像――これは昔、私の家にもあった左前足を上げている姿と同様の型の像であるが、これもいつのまにか「太夫黒」という名前をいただいていた。たしか、千厩町史談会の会長さんの名刺にも「太夫黒」の絵が刷られていた。

早くには昭和六一年（一九八六）に、清酒「太夫黒」が発売され、菓子の「太夫黒」もその後を追った。平成四年（一九九二）には、千厩小・中学校を卒業した「祝年（四二歳）同級会実行委員会」が「太夫黒」という名の記念誌を発行している。

これら、清酒のラベルにもカラーで印刷している「太夫黒」像の原案は、香川県木田郡牟礼町（現高松市）にある。佐藤継信が戦死したときに運ばれたという洲崎寺が蔵する、源義経と太夫黒の像が、その原型である。『源平盛衰記』に記されていたように、小柄な黒馬であった。

太夫黒の墓

「南部駒牽(ひ)き唄」で「昔宇治川よや鵯越で世にも名高い太夫黒」と歌われているように、おそらく近世には、『源平盛衰記』という読み本の流入や、それに基づいた語り物によって、義経の愛馬としての「太夫黒」の名は、東北地方にも知れ渡るようになった。

貞享元年（一六八四）には、平泉の高館の義経堂に「前澤町」の者が「太夫黒」の絵馬を奉納しているが、残念なことに茶色の鹿毛である（写真7）。『源平盛衰記』の鵯越えの場面では「義経が乗たる大鹿毛」と記してあるからだろうか。『源平盛衰記』の近世の読み本は、白石市斎川で実際に拝見したことがあるが、この書では「太夫黒」の最期を記していない。しかし、香川県牟礼町（高松市）には、佐藤継信の墓と共に「太夫黒」の墓がある（写真8）。

写真7　太夫黒を描いた絵馬（岩手県平泉町、1996.1.21）

写真8　「太夫黒」の墓。左側の供養碑は昭和63年に千厩町で建立した（香川県高松市牟礼町、1996.1.2）

この墓の碑面には「太夫黒馬埋處」とあり、裏面には「寛永癸未仲夏上浣建立」とあるから、寛永二〇年（一六四三）の江戸初期の碑である。ところが、それから遥か三四五年後の昭和六三年（一九八八）、突然、その脇に「太夫黒供養之碑」が建立された。裏面を見ると「出生地岩手県千厩町」、「千厩農協墓参団」などが記されている。「太夫黒」の出生地だとする多くの土地の中で、千厩町がその死亡地に名のりを上げてしまったのである。

「太夫黒」の出生地とする伝説は、北から並べると、青森県の名久井岳、岩手県川井村小国、遠野市小友町、千厩町（一関市）、東山町（一関市）松川、宮城県は気仙沼市上鹿折、福島県に入ると鹿島町（南相馬市）、さらに千葉県鴨川市と、新潟県新潟市にもある。このうちで、千厩町が一番新しく作成されたらしく、それが一番乗りをしたわけだから、太夫黒のように、はなはだ勢いがよかったようである。

千厩の地名由来譚

柳田国男が「伝説」の要件として挙げているように、伝説にはその土地に結びついているモニュメントが必ずある。「太夫黒伝説」でいえば、その馬を育てた家とか葬った塚とか、馬蹄石とか喰いちぎった笹や葦などがそれである。ところが、千厩町の太夫黒伝説には、それが一つもないのである。

さらに、安永四年（一七七五）の仙台藩の風土記や、昭和一六年（一九四一）の岩手県の「郷土教育資料」などには、その土地の著名な伝説は引っかかってくることが多いのであるが、ここにも千厩町の太夫黒伝説は見当たらないのである。

ただし、後年になって花を開く機縁になったかもしれない伝説は、安永の風土記に、「千厩」の地名由来譚として記録されていた。たとえば「千馬屋」の説明として、次のように記されている。

右往古、八幡太郎義家公、此所ニおいて、千匹之馬ヲ御飼い成され候處、壱匹之名馬ヲ右岩屋ニ繫ぎ置かれ候由申伝候。右岩ニ馬之足跡御座候事(13)

ここに出てくる「壱匹之名馬」は、「太夫黒」とは記していないが、注意される点である。さらに、菅江真澄の天明六年（一七八六）の「はしわのわかば（続）」によると、真澄は同じく、千厩の「石室」や「うはつかたに蹄のあと残り侍る」ところを見ていながら、千匹の馬を飼ったのは八幡太郎義家ではなく「秀衡」と聴いている。(14)この地名由来譚が、義経との縁を結びつつあることが知られる。

しかし、千厩の太夫黒伝説を作成するに、決定的な役割を果たしたのが、戦後の昭和二六年（一九五一）から、朝日新聞の夕刊に連載され始めた、村上元三の歴史小説『源義経』であった。

村上元三の『源義経』

村上元三の『源義経』に「太夫黒」という固有名詞が用いられるのは、その名も「天馬」の章で、義経の兄、頼朝の挙兵を聞き、藤原秀衡のもとから駆けつける場面である。曰く「九郎の乗馬は、千厩から産した逸物で太夫黒という名をつけてあった」云々。

村上が『源平盛衰記』に記されている「判官奥州を立てる時進たる馬也」を活かしたのはよかった。ただし、「千厩」という地名を選んだ根拠はどこにあったのであろうか。

昭和六一年（一九八六）の新装版『源義経』の「あとがき」によると、村上は次のように書き留めている。

わたしとしては、諸国に義経関係の伝説、口碑の類は、それが荒唐無稽なものでない限り、参考にするようにつとめた。書きはじめる前から、義経に関係のある地方は出来る限り歩いたし、自分なりの発見もあった。(15)

つまり、「太夫黒」に引き寄せて語れば、前述のような各地のモニュメントのある太夫黒伝説は「荒唐無稽なもの」として排除されたわけである。しかし、「自分なりの発見」とする太夫黒千厩出生説は、〈歴史〉という仮面をかぶった、もう一つの「荒唐無稽」を生みだしはしなかっただろうか。おそらく、文献上の根拠などがないとすれば、「千厩」という地名とその言葉のもつイメージに、心を傾けていったに違いない。

メディアと伝説

さらに輪をかけるように、昭和四一年（一九六六）、この『源義経』はNHKの大河ドラマとして全国に放映される。確かに、ブラウン管のなかで、尾上菊之助扮する義経の乗る馬に対して「千厩」の産と語ったことを、私も覚えている。この場面を見ていた私の家族は「千厩の人たちは喜んでいるだろう」と語った。

しかし、それからがいけなかった。この波及効果は、千厩町の近辺の「太夫黒伝説」にも影響を与え始める。昭和二四年（一九四七）の『鹿折村誌』[16]の中で「著名な口碑・伝承」に採り上げられていた「源氏瀧と太夫黒」は、昭和五〇年（一九七五）の『鹿折の歴史雑話』では、もはや歴史の中に組み込まれている。[17]しかも「やがて他の幼駒と共に千厩の牧に移された」と叙述して千厩へつなげていくことで〈歴史〉化をはかろうとする。昭和五九年（一九八四）の『鹿折村新風土記』も「千厩」の地名こそ出ていないが〈歴史化〉された同じ轍の跡を歩いている。[18]

「郷土史」というものは、少しでも豊かなもの、ドラマになるもの、中央史につながるようなものを求めて「伝説」まで食い荒らそうとする。「伝説」と「史実」との扱いの方法の違いを意識しないまま混同してしまうことが多い。

千厩における、新しい「太夫黒伝説」は、村上元三の『源義経』のNHK放映化と「町おこし」のなかで作成されていった。TVがマス・メディアであるように、町おこしや村おこしの過程で「地域の文化を見なおそう」という「もの言い」も、一種のメディアである。それらのメディアを通して、現代の伝説として作成されようとする俗説がいかに全国に多いことか。過去の伝説の発生を探る上でも見逃すことができない対象である。

過去の伝説が語り物と信仰により生じたように、現代に再生産される伝説も、ＴＶドラマと偏(かたよ)った信念によって作成される。〈歴史〉とは物語かという問いは、未だ解決されていないのである。

注

（1）川井村郷土誌編纂委員会編『川井村郷土誌』下巻（川井村、一九六二）
（2）小友村史蹟調査委員会編『小友村勝蹟誌』（小友村役場、一九二二）
（3）丸山元純『越後名寄』三一（一七五六）
（4）齋藤夏之助『安房志』第六巻（多田屋書店、一九〇六）
（5）「本吉郡北方鹿折村風土記御用書出」『宮城縣史』二六資料編四（宮城縣、一九五八）
（6）石田英一郎『河童駒引考』（筑摩書房、一九四八）
（7）太田弘三編『糠部五郡小史』（福田多吉、一九〇三）
（8）齋藤完隆編『奥相志』二編巻之三（一八七一）
（9）塚本哲三編『源平盛衰記』下巻（有朋堂書店、一九三一）
（10）「東磐井郡小梨村郷土教育資料」（一九四一）

(11)　注4と同じ。
(12)　『柴田郡誌』(柴田郡教育会、一九〇三)
(13)　「磐井郡東山南方千厩村風土記御用書出」『宮城縣史』二七資料編五(宮城縣、一九五九)
(14)　菅江真澄「はしわのわかば(続)」『菅江真澄全集』第一二巻(未来社、一九八一)
(15)　村上元三『源義経』あとがき(朝日新聞社新装版、一九八六)
(16)　『鹿折村誌』(宮城県本吉郡鹿折村、一九四九)
(17)　畠山泰二『鹿折の歴史雑話　畠山泰二遺稿集』(畠山泰二先生遺稿集鹿折の歴史雑話刊行委員会、一九七五)
(18)　村上森城『鹿折村新風土記』(自家版、一九八四)

あとがき
——望郷の書を編み終えて

私が「民俗学」と呼べるような研究に導かれるにあたって、決定的な影響を与えた一人として、欠かすことのできない話者あるいは語り手がいた。宮城県気仙沼市の小々汐に住んでいた、漁師の尾形栄七さん（一九〇八～九七）である。

かつてはイワシ二艘曳きの大きな網元であった尾形家の、第一別家に当たる〈仁屋〉の、話好きなおじいさんであった。一九八三年の「大漁唄い込み」の民謡調査から、九〇歳になる間近に亡くなるまでの一四年間、最後まで話を聞きにいっていた。

私が通っていた頃の〈仁屋〉は、家族七人の、笑い声の絶えなかった家であった。昔から家の外まで笑い声が聞こえたらしく、「〈仁屋〉の前を通ると、ごせやいだ（腹を立てた）者も、もらい笑いをする」と言われていた。以前は、栄七翁の父親である、長吉翁がハナシ語りの中心であり、この翁は、家を離れて仕事をしていた漁師だったので、各地の世間話やタトエ、タトエバナシに秀でていた。その伝承は、私が通っていたころにも残っていた。

たとえば、栄七さんの孫が父親の問いに対して「わかんね（知らない）」と答えると、お父さんはすかさず「馬の爪か！」と言って、その子を笑わせる。馬の爪先は分かれていない（分からない）ためで、逆に「わかった」と言えば「牛の爪か！」と返ってくる。牛の爪先は分かれているからである。子どもたちも、その笑いに以前から親しんでいたようで、私が初めてこの会話を聞いたときには、それが何のことやら、それこそ「わからなかった」。

この孫娘は、私が通い始めてから二年くらい経った頃、A５判のノートを一枚破ったなかに、栄七翁から聞いたタトエを、いくつか文字にして書いておいたものを、私に手渡した。タトエ（諺）というものは、その状況に立ち合っていなければ、おいそれと口から出るものではない。おそらく栄七さんは、たまたま口に出て周囲を笑わせたりした、そのタトエを、孫娘に私のために書いておけと頼んだものらしかった。私がおじいさんとの会話で、ふと口から発せられたタトエを、すぐにノートに書き留めていたからである。

この尾形栄七翁は、タトエだけでなく、「口承文芸」の分類にしたがえば、本格昔話は二〇話近く、伝説や世間話は数知れず、「早物語」も四話、胸中に伝えていた。もちろん「口承文芸」

だけではない。以前の気仙沼湾内の漁業の様子については、目に見えるように伝えてくれた。私が漁業の面白さや、漁師の性情に惹かれていったのも、この栄七さんと出会ったからであり、その後、私は全国の魅力ある漁師さんたちと数多く知り合い、年令を重ねるにつれ、話を聞きながら苦楽を共にすることになった。

そのようなことを考えると、民俗調査とはいうものの、「口承文芸」や「漁業」などの項目に従うことなく、おそらく生活全体のなかで、それらが生きていたそのものを見つめていくという方法であることが、おのずから、この〈仁屋〉での調査で育てられてしまったものと思われる。本書では、そのような「民俗」が生き生きとした時代を、聞き書きのみで、どこまで再現できるかということが、表現する上での課題となった。

また、漁師の心意の底辺には、それぞれの信仰と呼べるような支えが存在している。かつての東北における、その信仰とは、オカミサン（巫女）などと呼ばれる宗教的職能者を介したものであった。栄七翁も、私の目の前に何度か、漁などで気がかりなことがあると、唐桑（気仙沼市）のオカミサンへ電話をかけ、相談していたことがあった。大漁や不漁にまつわる話や「船幽霊譚」などの不思議なハナシは、そのような漁師と巫女との合作によって世間に流れていったものである。

〈仁屋〉での世間話が飛び交う現場に接し、あるいは年中行事ごとに毎回呼ばれて、尾形家の家族と交わりながら、私には何か懐かしい思いに満たされていた。それは、岩手県千厩町（現一関市）の母親の実家で子どものころに親しんだ雰囲気と似ていたからである。両親が独立して、小さな所帯をもっていたからかもしれないが、私が育った気仙沼の町場とは違っていた。

私の少年時代の夏休みは、岩手県の千厩町の母の実家が舞台であった。母は一人娘だったので、実家にはイトコも居らず、私たち兄弟だけが、母方の祖父母を独占できた。祖父はカナグツ屋（装蹄師）であった。四歳下の弟が産まれてからは、私は母から離れて、この祖父と一緒に寝ていた。朝早くからカナグツを打つ音と、馬の爪を焼く匂いが家中に流れると、それまで一緒に寝ていたはずの祖父が寝床にいないことを感じて目を覚ました。

この祖父は、私が中学生のときに他界したので、私が長じてから尾形栄七翁に会うようになったとき、ハナシを聞くために「おじいさん」と声をかけることさえ、懐かしいと思った。今では、私自身の年令が「おじいさん」になったので、話者に向かって、そのような問いかけは、もはやできないだろう。

母の実家は、街道と千厩川が交わる橋のそばに立っていた。蹄鉄業を営むには、格好の立地であるが、馬を曳くひとだけでなく、一関からのお茶売りの商人などが、持参の弁当箱を開けて食べる場所を提供した家でもあった。薬売りのおばさんなどは、おまけの紙風船を置いていくだけでなく、私たち子どもに、さまざまな折紙の折り方を教えてくれた。当然、多くのハナシも炉端で交わされていた。

この千厩の町には、「チョウチン取り」と呼ばれていた、子どもたちの特異な盆行事もあった。その盆までの一年間に家族を亡くした家では、「初盆」と称して、八月一五日には、秋田の竿燈のように、竹の木に数多くのチョウチンを付けて火を灯し、家の前に立てる。その夕べ、時を待って家の主人が竹を倒すと、子どもたちが群がって、チョウチンを奪い取るのである。もちろん、数多く取ることも自慢になったが、この竹の先端に灯っていた、ひときわ美しい岐阜チョウチンを手に入れることも、ひとつの誇りであった。

「千厩のフンドシ町」と言われた、一本のメインストリートのあちこちに、このチョウチンを灯した竹が立った。子どもたちは、その一本一本を気にしていて、どこかの竹が傾き始めれば、いっせいに、そちらへ走っていった。私の祖父が亡くなった翌年の夏には、家の前にも立たせることになった。

夏祭りや盆踊りには、祖母は必ず、われわれにも、ユカタに着替えさせ、帯の後ろにウチワを挟み入れ戸外へ出させた。その澄んだ夏の夜の、川の匂いも忘れられない。

これらの夏の盆行事は、誰に見せるものでもなかった。その生活者の中で自足して生きられてきたものであり、そこにこそ価値があった。

本書の最後に、その千厩町の伝説のひとつ「太夫黒」を採り上げたが、私が懐かしんでいた世界とは裏腹な、提示的な「民俗」文化について、いささか批判的に述べることになった。

いつからか、この〈日本〉では、「町おこし」や「村おこし」、「活性化」などと呼ばれて、外から人を呼び込み、お金を落とさせることにやっきとなるようになった。そこに広告会社などが加わってイベントが演出され、食文化や年中行事、伝えられてきたハナシさえもが、見世物に変化した。週末には全国的に「何とか」祭りと称されたイベントが必ず開催されている。「文化資源」の名のもとに、「何とか」遺産を目ざすために、ドラマチックに変容され捏造された伝説も数多い。

それらのイベントを対象とした「本当は〜だった」式の、ネタ暴きの研究論文も多くなったが、その対象が〈民俗〉であるかどうかも含め、それらに向き合う調査方法も確立しなければならないだろう。少なくとも、それ以前の、生きられた〈民俗〉そのものを見続けてきた者にとっては、もはやそれらのイベントに研究対象として向き合う余力も気力もない。

過度な情報に振り回されることなく、社会の生活や文化が、そのままで生きられていることの価値を、もう一度われわれは見据えなければならない時代にさしかかっているのではないだろうか。

本書も前著の『「本読み」の民俗誌』と同様に、勉誠社社長の吉田祐輔氏には、たいへんお世話をいただいた。実際に細やかな編集に携わっていただいた武内可夏子さんにも感謝申し上げたい。ありがとうございました。

二〇二四年六月二一日　夏至の日に

川島秀一

初出一覧

第一部　話が発生する現場から

第一章　タトエ話の伝承世界――宮城県気仙沼地方の事例から――
『口承文藝研究』第二八号（日本口承文藝學會、二〇〇五）

第二章　ことわざの民俗
日本口承文芸学会編『ことばの世界』第4巻うたう（三弥井書店、二〇〇七）

第三章　農作業と口承文芸――オイサミ話と水引き話――
『東北芸術工科大学東北文化研究センター研究紀要』第四号（東北芸術工科大学東北文化研究センター、二〇〇五）

第四章　漁師の語りに出会う――沖や海底の出来事を語ること――
『村山民俗』第20号（村山民俗学会、二〇〇六）

第二部　話を集めた人びと

第一章　菅江真澄の耳の位置

『真澄学』第四号（東北芸術工科大学東北文化研究センター、二〇〇八）

第二章　声を文字に換えること――佐々木徳夫の半世紀――

『口承文藝研究』第三〇号（日本口承文藝學會、二〇〇七）

第三章　声の配達人――阿彦周宜『天楽丸口伝』の方法――

『口承文藝研究』第三〇号（日本口承文藝學會、二〇〇七）

第三部　語りから話への回路

第一章　口寄せの声

「巫覡盲僧学会会報」第15号（巫覡盲僧学会事務局、二〇〇三）

第二章　一生を語るということ――東北の口寄せ巫女の語り――

日本昔話学会編『昔話――研究と資料――』第三七号（日本昔話学会、二〇〇九）

第三章　タイシ像のオシラサマ

『東北芸術工科大学東北文化研究センター 研究紀要』第二号（東北芸術工科大学東北文化研究センター、二〇〇三）

第四部　在地伝承を越えて

第一章　「小便観音」の伝承誌

『東北民俗』第39輯（東北民俗の会、二〇〇五）

第二章　「皆鶴姫伝説」をめぐる断章

原題「皆鶴姫伝説」・「舞台の上の「皆鶴姫」」、「三陸新報」（三陸新報社、一九九四年二月二三日・四月五日・五月一〇日、二〇〇二年四月一八日）

第三章　「太夫黒伝説」をめぐる断章

原題「太夫黒伝説」、「三陸新報」（三陸新報社、一九九六年三月二七日・四月二日・四月九日）

著者略歴

川島秀一（かわしま・しゅういち）

1952年、宮城県気仙沼市生まれ。神奈川大学特任教授、東北大学災害科学国際研究所教授、日本民俗学会会長を歴任。専門は民俗学。第72回河北文化賞受賞。
著書に『ザシキワラシの見えるとき』、『憑霊の民俗』、『魚を狩る民俗』（以上三弥井書店）、『漁撈伝承』、『カツオ漁』、『追込漁』（以上法政大学出版局）、『津波のまちに生きて』、『安さんのカツオ漁』（第26回高知出版学術賞）、『海と生きる作法』、『春を待つ海』、『いのちの海と暮らす』（以上冨山房インターナショナル）、『「本読み」の民俗誌』（勉誠社）などがある。

ハナシ語り（がた）の民俗誌（みんぞくし）

著者　川島秀一
発行者　吉田祐輔
発行所　㈱勉誠社
〒101-0061 東京都千代田区神田三崎町二－一八－四
電話　〇三－五二一五－九〇二一㈹

二〇二四年九月十日　初版発行

印刷　中央精版印刷
製本

ISBN978-4-585-33006-6　C1039

「本読み」の民俗誌
交叉する文字と語り

地域社会において、〈本〉は、そして〈読む〉ことと〈書く〉ことはどのような意味を持っていたのか。ホンヨミに触れてきた人びとへの取材から浮かび上がる民俗社会を描き出す。

川島秀一 著・本体三五〇〇円（＋税）

渋沢敬三とアチック・ミューゼアム
知の共鳴が創り上げた人文学の理想郷

財界人であり、日本民俗学の礎を築いた巨人、渋沢が開設した私設博物館兼研究所「アチック・ミューゼアム」に集まった人びとの営為・思想から、文化創造のあり方を探る。

加藤幸治 著・本体三五〇〇円（＋税）

菅江真澄と内田武志
歩けぬ採訪者の探究

不治の病を抱えながらも、恐るべき執念で菅江真澄研究に没頭した内田武志。菅江真澄が行った方言研究の方法を捉え直した内田の軌跡を追う。

石井正己 著・本体三〇〇〇円（＋税）

伝承と現代
民俗学の視点と可能性

伝承を変わりゆく動態的なものと捉え返し、人びとの生活世界における伝承の実態を子細に分析することにより、現代における伝承の力を問い直す視点を提供する意欲作。

加藤秀雄 著・本体八〇〇〇円（＋税）

女性の力から歴史をみる

柳田国男「妹の力」論の射程

「妹の力」を男女の関係や現代社会のあり方を捉えなおす視座として提示し、個人的な生にとって意義のある歴史の構築を目指した柳田国男の民俗学を問い直す。

永池健二 編・本体三〇〇〇円（+税）

折口信夫　民俗学の場所

まれびと・ほかひびとの先に見えたのは、韓国・台湾そしてアジアに拡がる広大な「民俗」のつながりだった。アジアを見渡す視野から、新たに折口学の場所を見つめる。

伊藤好英 著・本体六五〇〇円（+税）

造り物の文化史

歴史・民俗・多様性

祭礼の際に造られる飾りもの＝「造り物」からみる民俗文化の多様性。自然の模倣として、都市空間の娯楽として造られる、その場限りの民衆芸術の諸相を探る。

福原敏男・笹原亮二 編・本体八〇〇〇円（+税）

偉人崇拝の民俗学

歴史上の人物は、共同体の記憶の中で変容し伝説化していく。人々は彼らに何を託すのか。彼らを祀る神社や史蹟、祭礼を丹念に検証し、その表象の現在に迫る。

及川祥平 著・本体六二〇〇円（+税）

パブリック・ヒストリー入門　開かれた歴史学への挑戦〔オンデマンド版〕

歴史学や社会学、文化人類学のみならず、文化財レスキューや映画製作等、さまざまな歴史実践の現場より、歴史を考え、歴史を生きる営みを紹介。日本初の概説書！

菅豊・北條勝貴 編・本体四八〇〇円（＋税）

博物館という装置　帝国・植民地・アイデンティティ

時代毎の思想と寄り添ってきた歴史とアイデンティティを創出する紐帯としてのあり方。双方向からのアプローチにより「博物館」という存在の意義と歴史的位置を捉え返す。

石井正己 編・本体四二〇〇円（＋税）

古文書修復講座　歴史資料の継承のために

古文書の調査、保存・整理の方法論を検討し、歴史資料の取り扱いかたのレクチャーを行ってきた日本常民文化研究所のノウハウ・知見を、豊富なカラー写真とともに紹介。

神奈川大学日本常民文化研究所 監修／関口博巨 編
本体三八〇〇円（＋税）

アーカイブズ学入門

アーカイブズの定義、意義、原則、基本用語、組織やアーキビストなどについての基本知識を、多数の図版・写真とともにわかりやすく解説。

国文学研究資料館 編・本体二八〇〇円（＋税）